फिटर द्वितीय वर्ष हिंन्दी MCQ

मनोज डोळे

डिजिटाइजेशन समय की मांग है। भविष्य में, प्रशिक्षण को अधिक सुविधाजनक और आसान बनाने के लिए ऑनलाइन इंटरनेट का उपयोग करके औद्योगिक प्रशिक्षण संस्थानों में प्रशिक्षण आयोजित करने की आवश्यकता होगी। एमसीक्यू प्रश्नों के एक सेट वाली ई-पुस्तकें प्रशिक्षुओं को उपलब्ध कराई जाएंगी क्योंकि उन्हें अपने औद्योगिक प्रशिक्षण संस्थानों में होने वाली ऑनलाइन परीक्षाओं की तैयारी के लिए बहुविकल्पीय प्रश्नों एमसीक्यू के अधिक आदी होने की आवश्यकता है।

इन सब बातों को ध्यान में रखते हुए औद्योगिक प्रशिक्षण संस्थान सतारा के प्रशिक्षक श्री मनोज मधुकर डोले ने नई वार्षिक प्रणाली और एनएसक्यूएफ-5 पाठ्यक्रम के अनुसार पुस्तकें लिखी हैं। और उन्होंने प्रशिक्षण को आसान बनाने के लिए सैद्धांतिक मोबाइल ऐप और ब्लॉग बनाए हैं, और इन सभी शैक्षिक सामग्री को विश्व प्रसिद्ध वेबसाइटों Google Play Store, Amazon और Apple Book Store पर डाउनलोड के लिए उपलब्ध कराया है।

पुस्तकों का प्रकाशन माननीय सहसंचालक श्री राजेंद्र घुमे साहेब प्रादेशिक व्यावसायिक शिक्षण व प्रशिक्षण कार्यालय, पुणे द्वारा दिनांक 9/1/2019 को किया गया, इस समय श्री प्रकाश सहगवकर साहब प्राचार्य शासकीय औद्योगिक प्रशिक्षण संस्थान औंध पुणे, श्री तुकाराम मिसाल साहेब प्राचार्य सरकार प्र. संस्था सतारा, श्री सचिन धूमल साहब जिला व्यावसायिक शिक्षा एवं प्रशिक्षण अधिकारी सतारा, श्री यतिन परगांवकर साहब प्राचार्य शासन. Q. संस्था कोल्हापुर, श्री विकास टेक साहब इंस्पेक्टर वोकेशनल एजुकेशन एंड ट्रेनिंग रीजनल ऑफिस पुणे, पालेकर फूड्स प्रोडक्ट्स प्रा. लि. सतारा के उद्यमी अध्यक्ष श्री नीलकंठराव पालेकर साहब, हीरा फूड्स के अध्यक्ष श्री इब्राहिम बाबा तंबोली साहब, श्रीमती शाल्मली पवार मुख्याध्यापिका शासकीय तकनीकी विद्यालय केंद्र सतारा सहित अन्य गणमान्य व्यक्ति इस अवसर पर उपस्थित थे।

क्रम-सूची

प्रस्तावना

फिटर सेकेंड ईयरहिंन्दी MCQ आईटीआई इंजीनियरिंग कोर्स फिटर, सेकेंड ईयर, सेम -3 और 4, 2022 में संशोधित एनएसक्यू एफ -5 सिलेबस के लिए एक सरल ई-बुक है , इसमें रेखांकित और बोल्ड सही उत्तरों के साथ वस्तुनिष्ठ प्रश्न हैं, जिसमें सभी विषयों को शामिल किया गया है। पावर टूल ऑपरेशन, विभिन्न कॉम्प्लेक्स असेंबलिंग और फिटिंग, फास्टनिंग, लैपिंग, गेज बनाने, पाइप वर्क्स और पाइप जॉइंट्स, डिसमेंटलिंग, ओवरहालिंग और असेंबलिंग वॉल्व, ड्रिल जिग्स बनाना और उपयोग करना, महत्वपूर्ण घटकों का निर्माण, मरम्मत और रखरखाव के बारे में नवीनतम और महत्वपूर्ण के बारे में पावर ट्रांसमिशन सिस्टम, टेम्प्लेट और कॉम्प्लेक्स गेज बनाना, विभिन्न वायवीय और हाइड्रोलिक घटकों की पहचान करना और सर्किट निर्माण, मशीनरी की मरम्मत और रखरखाव जैसे खराद, ड्रिल, पीस, बेंच ड्रिलिंग और बहुत कुछ।

हम प्रत्येक नए संस्करण के साथ नए प्रश्न उत्तर जोड़ते हैं। किसी भी त्रुटि/चूक के मामले में कृपया हमें ईमेल करें। यह यकीनन सभी इंजीनियरिंग बहुविकल्पीय प्रश्नों और उत्तरों के लिए सबसे बड़ी और सर्वश्रेष्ठ ई-बुक है।

एक छात्र के रूप में आप इसे अपनी परीक्षा की तैयारी के लिए उपयोग कर सकते हैं। यह ई-पुस्तक प्रोफेसरों के लिए सामग्री को ताज़ा करने के लिए भी उपयोगी है।

भूमिका

डीजीईटी नई दिल्ली और सीएसटीएआरआई कोलकाता अगस्त 2018 सत्र से आईटीआई में सभी व्यवसायों के लिए एक वार्षिक पैटर्न लागू कर रहे हैं। परीक्षा प्रणाली में भी बदलाव किया जाएगा और यह इस साल से ऑनलाइन हो जाएगी और चूंकि सभी प्रश्न वस्तुनिष्ठ प्रकार (एमसीक्यू) के हैं, इसलिए प्रशिक्षुओं को गहन अध्ययन की सख्त जरूरत है। इसे ध्यान में रखते हुए हमें पुराने NIMI पैटर्न पर आधारित पुस्तकें और नए वार्षिक पैटर्न का संपूर्ण अवलोकन प्रस्तुत करते हुए प्रसन्नता हो रही है, और हम आशा करते हैं कि ये पुस्तकें सभी व्यावसायिक निदेशकों और प्रशिक्षुओं के लिए एक मार्गदर्शक होंगी। है।

इन पुस्तकों को लिखने के लिए आईटीआई अकलुज के प्राचार्य जोहर अवाटे साहब ने कहा। आईटीआई सतारा सहगवकर साहब के पूर्व प्राचार्य, सहायक निदेशक श्री चंद्रकांत ढेकने साहेब क्षेत्रीय व्यावसायिक शिक्षा एवं प्रशिक्षण कार्यालय, पुणे, जिला व्यावसायिक शिक्षा एवं प्रशिक्षण अधिकारी सचिन धूमल साहेब एवं प्रधानाध्यापक शासकीय तकनीकी विद्यालय केन्द्र शाल्मली पवार मैडम एवं पुत्र अधिराज डोले, माता कुसुम डोले , मैं अपने पिता मधुकर डोले और पत्नी अश्विनी डोले को समय-समय पर उनके विशेष मार्गदर्शन और सहयोग के लिए बहुत आभारी हूं।

साथ ही, बहुत ही कम समय में श्री राजेन्द्र घुमे साहेब, संयुक्त निदेशक, व्यावसायिक शिक्षा और प्रशिक्षण क्षेत्रीय कार्यालय, पुणे द्वारा पुस्तक के प्रकाशन में उनके अमूल्य समय के लिए पुस्तक की समीक्षा की गई। मैं उनकी प्रतिक्रिया के लिए हृदय से आभारी हूँ।

पुस्तक लिखने की शुरुआत से ही निरंतर समर्थन के लिए मैं आईटीआई सतारा के प्रशिक्षक का आभारी हूं।

इस पुस्तक से, मैं खुद को धन्य मानता हूं कि मैंने आपके साथ ई-लर्निंग पर अपने विचार साझा किए। मैं यह दावा नहीं करूंगा कि यह पुस्तक पूर्ण है, क्योंकि पूर्णता को देखते हुए यह पुस्तक एक प्रयास है और अपनी शैशवावस्था में है। यदि उनका परीक्षण और सुझाव दिया जाए तो वे सुधार के लिए मूल्यवान होंगे।

मनोज डोले

दिनांक 9/1/2019

पावती (स्वीकृति)

21वीं सदी में औद्योगिक क्षेत्र में तेजी से बढ़ती मांग के अनुरूप बहु-कुशल कारीगरों की आपूर्ति के लिए व्यावसायिक शिक्षा और प्रशिक्षण विभाग के माध्यम से व्यावसायिक शिक्षा और प्रशिक्षण विभाग के माध्यम से व्यावसायिक शिक्षा और प्रशिक्षण प्रदान किया जाता है। संस्थानों के भीतर सभी व्यवसाय महत्वपूर्ण हैं, क्योंकि इन व्यवसायों के प्रशिक्षु उद्योग की मांगों के अनुसार बहु-कौशल विकसित करते हैं।

सभी व्यवसायों के लिए उपयुक्त एमसीक्यू ई-पुस्तकें उपलब्ध कराने के नेक इरादे से, यह देखते हुए कि औद्योगिक क्षेत्र के सभी उद्योगों में सभी परीक्षाएं ऑनलाइन आयोजित की जाती हैं और इसमें एमसीक्यू पद्धति के प्रश्न शामिल होते हैं। श्री मनोज मधुकर डोले ने नए वार्षिक पाठ्यक्रम के अनुसार एमसीक्यू पद्धति पर एक बहुत अच्छी ई-बुक लिखी है। यह ई-पुस्तक निश्चित रूप से सभी प्रशिक्षुओं, प्रशिक्षु उम्मीदवारों, प्रशिक्षण प्रशिक्षकों और अन्य संबंधितों के लिए एक मार्गदर्शक होगी।

पुस्तक के लेखक श्री मनोज मधुकर डोले, इंस्ट्रक्टर गॉव आईटीआई सतारा को 17 साल का प्रशिक्षण अनुभव है। एक नए वार्षिक पैटर्न के रूप में लिखी गई, यह ई-बुक प्रत्येक विषय के लिए लेआउट, सरल भाषा और सरल सिंटैक्स, आरेख और वीडियो को समझने के लिए आधुनिक डिजिटल क्यूआर कोड तकनीक को शामिल करती है। इसलिए मुझे विश्वास है कि यह ई-पुस्तक निश्चित रूप से गहन अध्ययन और परीक्षा अभ्यास के लिए उपयोगी होगी। उन्होंने जो कार्य किया है वह निश्चित रूप से काबिले तारीफ है।

श्री तुकाराम मिसाल
प्राचार्य शासकीय औद्योगिक प्रशिक्षण संस्था सातारा.

आमुख

हमारे औद्योगिक प्रशिक्षण संस्थानों की औद्योगिक प्रशिक्षण और सैद्धांतिक परीक्षा प्रणाली और इन परिवर्तनों को शिल्प प्रशिक्षकों और प्रशिक्षुओं द्वारा स्वीकार किया गया है। आपके औद्योगिक प्रशिक्षण संस्थानों में आयोजित सैद्धांतिक परीक्षाएं भी ऑनलाइन आयोजित की जाती हैं। चूंकि ये परीक्षाएं बहुविकल्पीय एमसीक्यू पद्धति की हैं, इसलिए प्रशिक्षुओं को ऐसे प्रश्नों का अधिक अभ्यास करने की आवश्यकता होगी।

इन सब बातों को ध्यान में रखते हुए श्री मनोज मधुकर, निदेशक, डोले क्राफ्ट्स, कटारी औद्योगिक प्रशिक्षण संस्थान, सतारा, ने नई वार्षिक प्रणाली और NSQF-5 के अनुसार, गहन अध्ययन किया है और अपनी मेहनत से और अपनी गहरी बुद्धि को जोड़ा है। पाठ्यक्रम, कटारी और अन्य मशीन ट्रेडों की ई-बुक। -बुक) और उन्होंने प्रशिक्षण को आसान बनाने के लिए सैद्धांतिक विषयों पर मोबाइल ऐप और ब्लॉग बनाए हैं और इन सभी शैक्षिक सामग्री को विश्व प्रसिद्ध वेबसाइटों Google Play Store, Amazon और Apple Book Store पर डाउनलोड के लिए उपलब्ध कराया है। प्रिंट संस्करण बनाकर और क्यूआर कोड जैसी उन्नत तकनीकों का उपयोग करके प्रशिक्षण को आसान बना दिया गया है।

ये सभी शैक्षिक सामग्री निश्चित रूप से सभी प्रशिक्षुओं के लिए गहन अध्ययन के लिए और शिल्प प्रशिक्षकों और अन्य संबंधितों के लिए एक मार्गदर्शक होगी जो व्यावसायिक प्रशिक्षण प्रदान कर रहे हैं।

1

फिटर द्वितीय वर्ष हिंन्दी MCQ Drawing

Online Test Exam
ITI Books
CNC Course
AutoCAD CAM
JOB & Apprentice
Online Theory
Computer Course
Trading Course
Web Designing
MSCIT Course
Shopping Business
Internet Business
Remotasks Course
Online Services
Top Sportsmans
Indian Army
Freedom Fighters
Top Scientists
Social Reformers
Motivational Speaker
Top Richest People
Join WhatsApp Group
Join Facebook Group
Like Facebook Page
PAN / Adhar / Licence Passport

Vernier bevel protractor

Drilling

Reamer

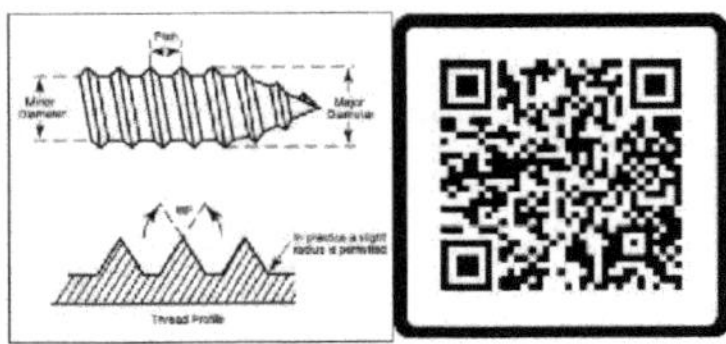

Thread

Tap Die

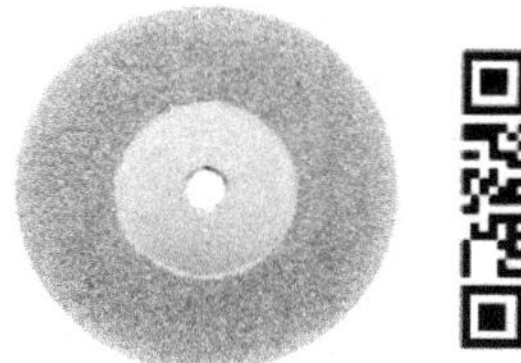

Grinding Wheel

Slip gauge

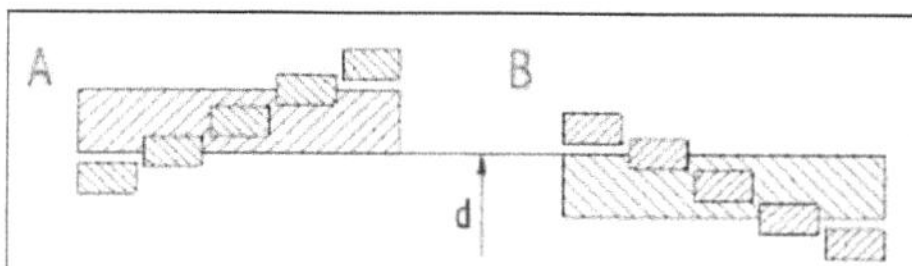

Limit fit tolerance

Lathe Machine

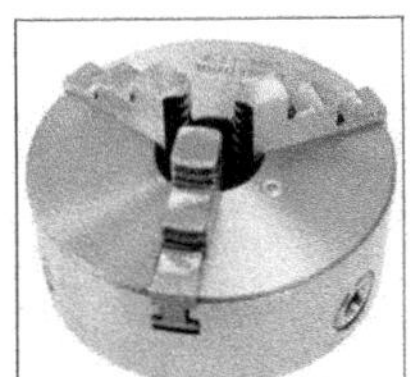

Lathe chuck

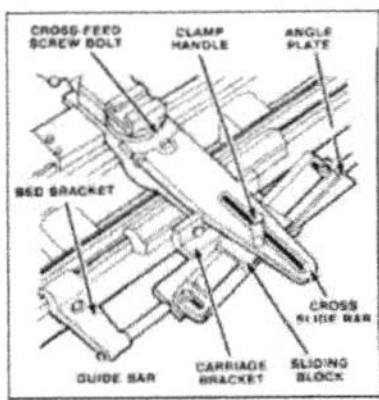

Taper turning attachment

taper ring gauge

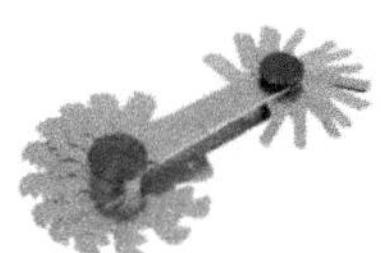 

screw pitch gauge

Gear

screw pitch gauge

Tap Die

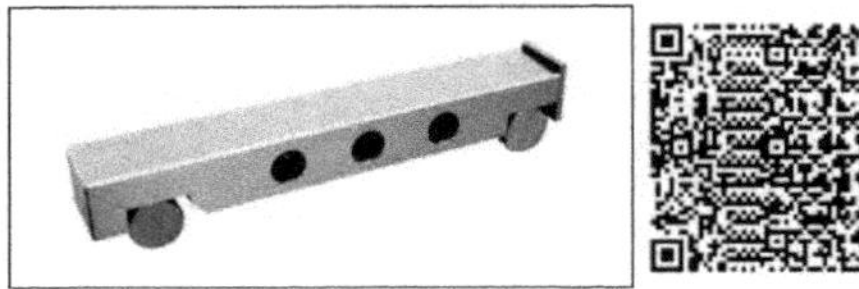

Sine bar

Slip gauge

Dial test indicator

Telescopic gauge

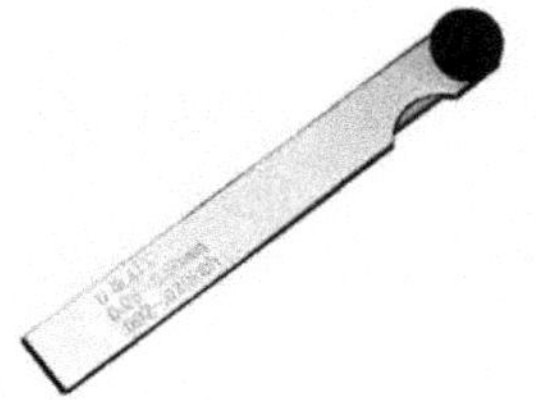

Feeler gauge

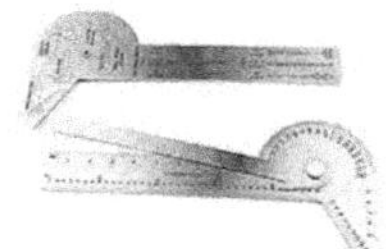

Centre gauge

Jig

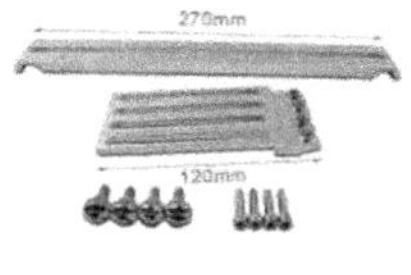

Fixture

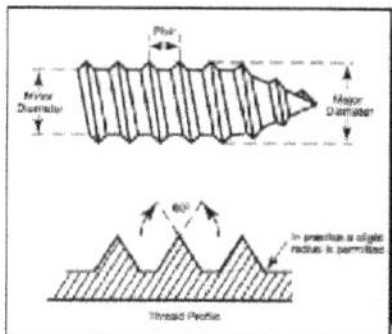

Thread

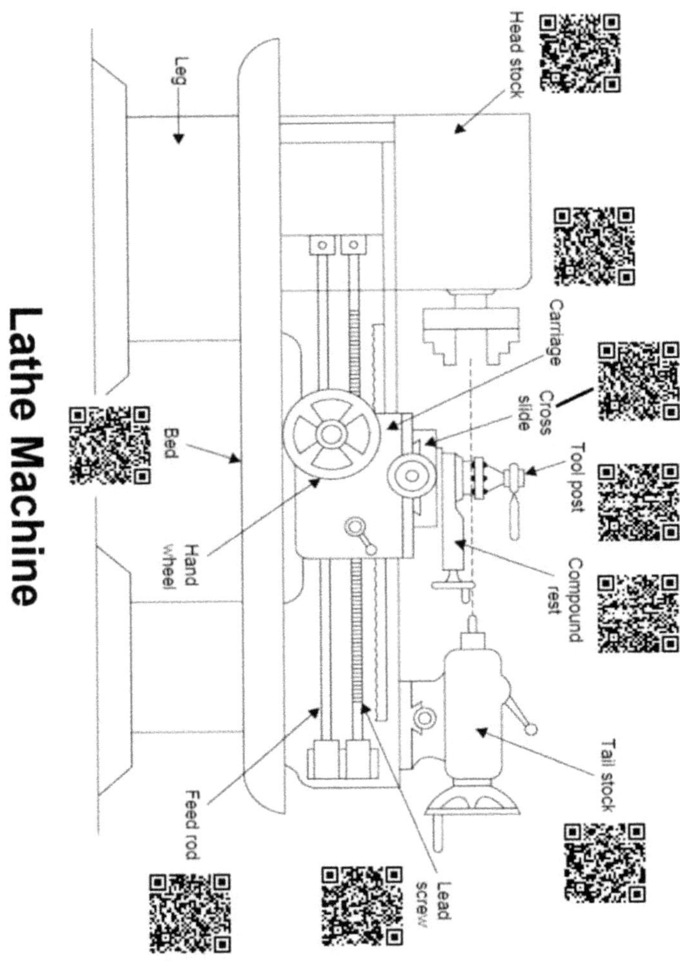
Lathe Machine
Head stock
Carriage
Cross slide
Tool post
Compound rest
Tail stock
Lead screw
Feed rod
Hand wheel
Bed
Leg

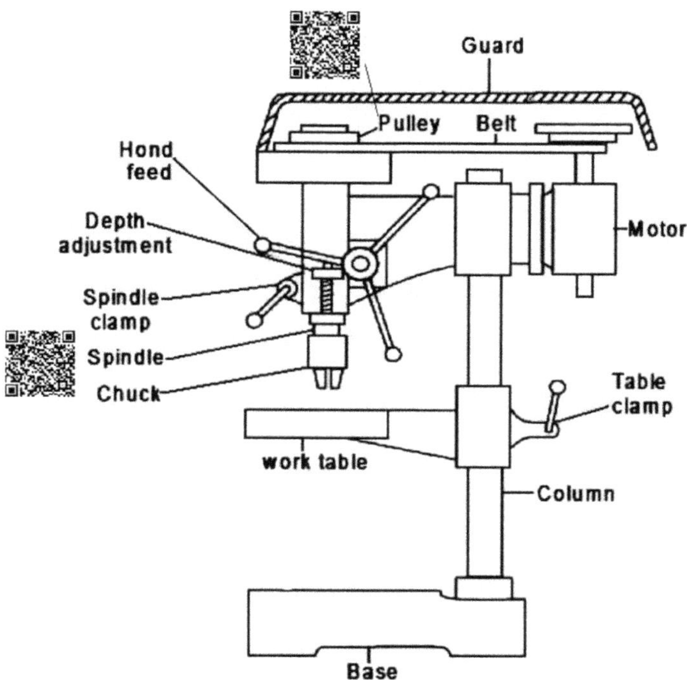

Piller Drilling Machine

Bench Grinding Machine

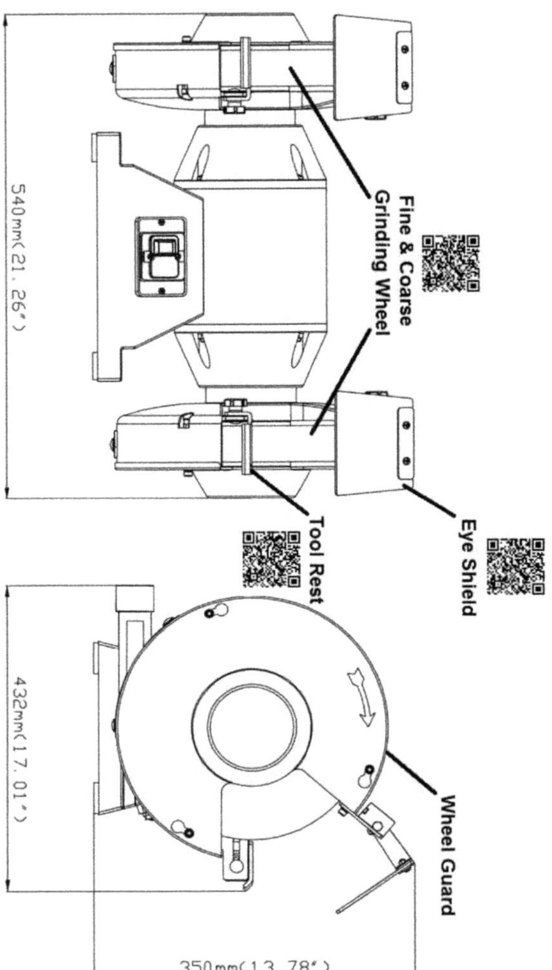

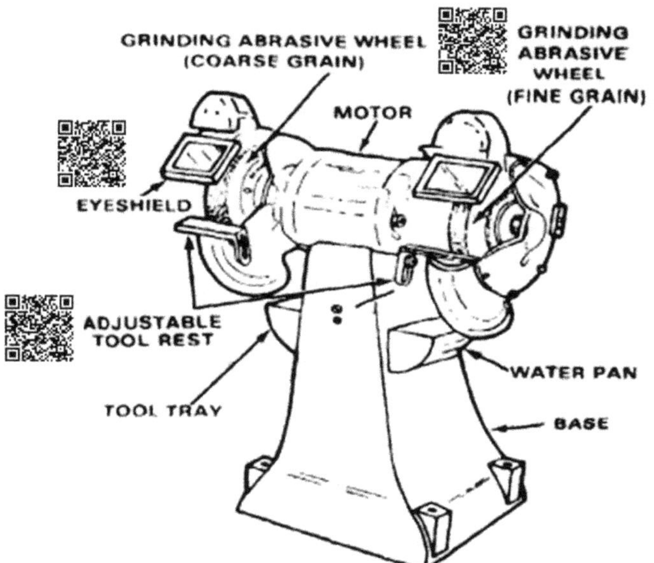

Pedastal Grinding Machine

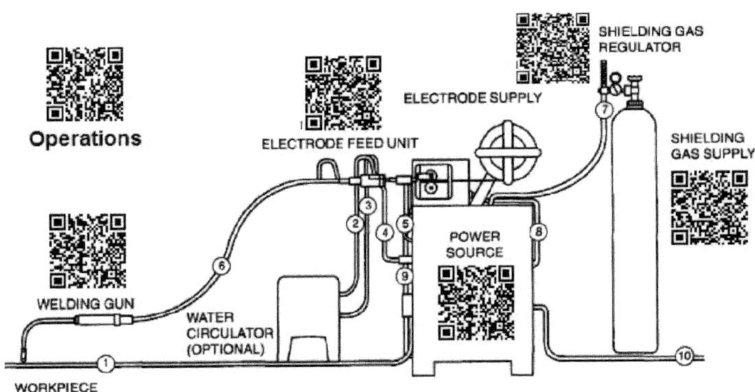

Gas Metal Arc Welding

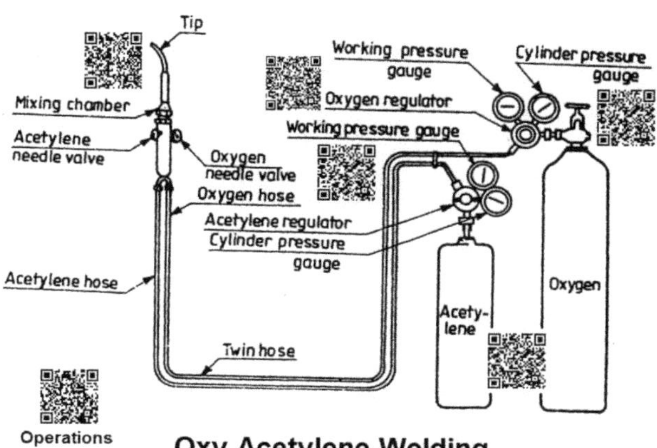

Oxy Acetylene Welding

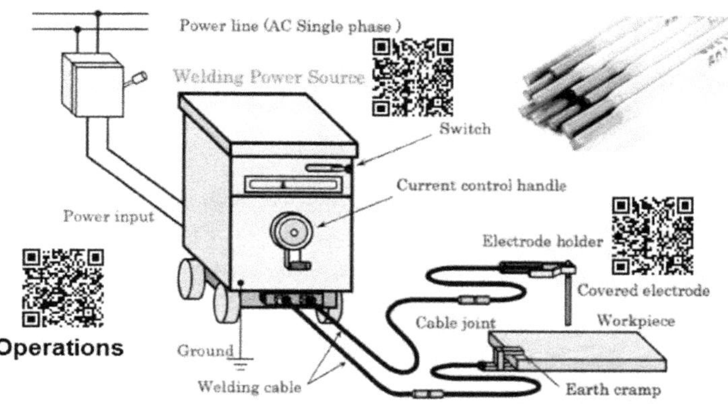

Shielded Metal Arc Welding

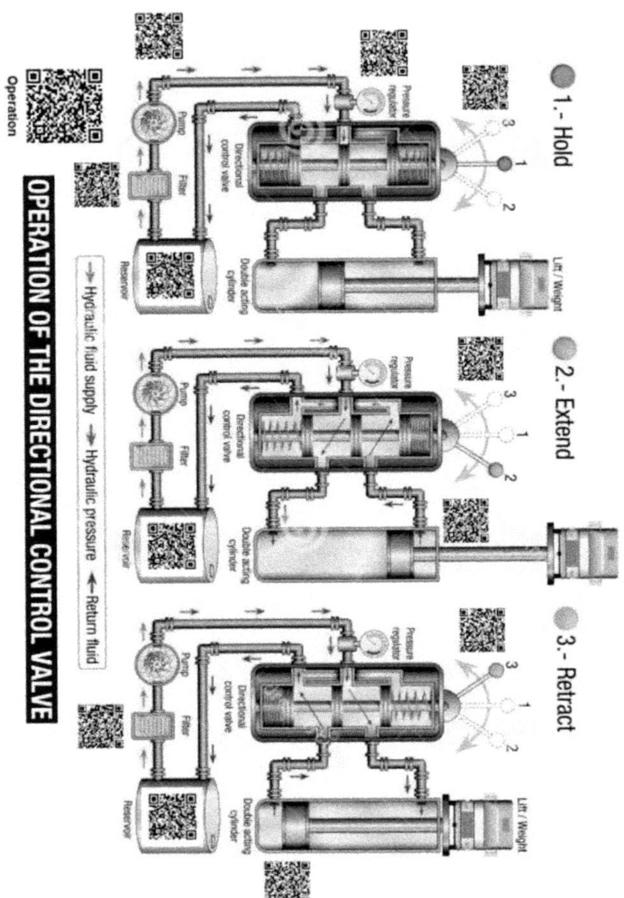
1.- Hold
2.- Extend
3.- Retract
Lift / Weight
Pressure regulator
Directional control valve
Double acting cylinder
Pump
Filter
Reservoir
Operation
Hydraulic fluid supply
Hydraulic pressure
Return fluid
OPERATION OF THE DIRECTIONAL CONTROL VALVE

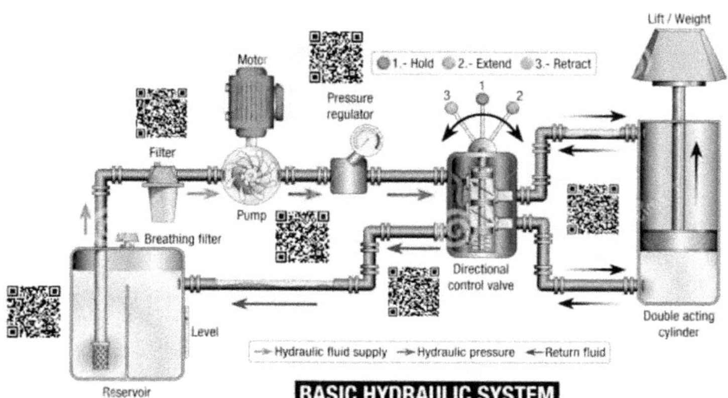

Direct Pressure Relief Valves

- The pressure relief valve provides protection against overload experienced by the actuators in a hydraulic system. One important function is to limit the force or torque produced by the hydraulic cylinders or motors.

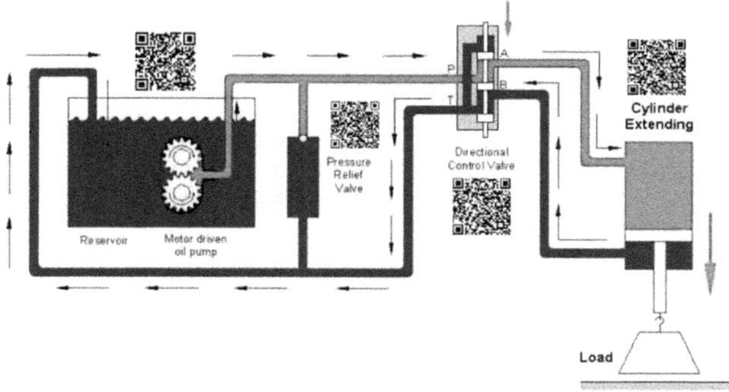

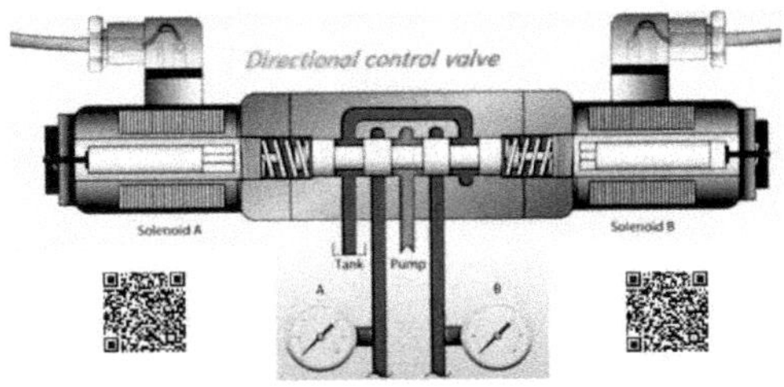

Double Acting, Single ended Cylinder

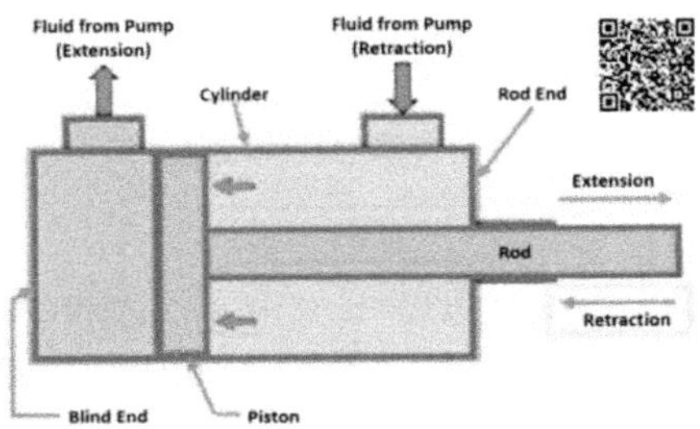

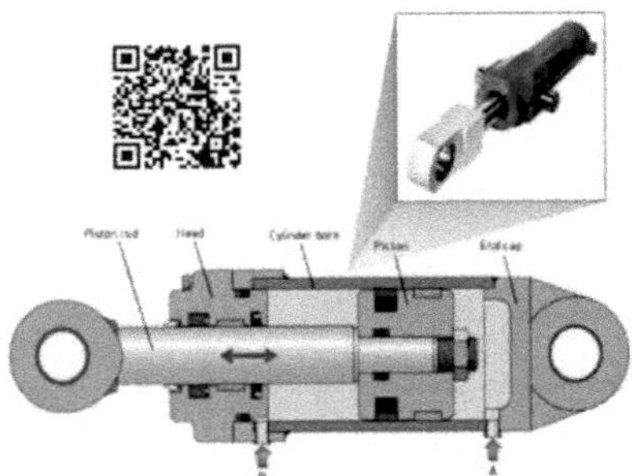

Hydraulic Cylinder

FLOW CONTROL VALVES

- A flow control valve can regulate the flow or pressure of the fluid.
- The fluid flow is controlled by varying area of the valve opening through which fluid passes.

GLOBE VALVE BUTTERFLY VALVE PLUG VALVE

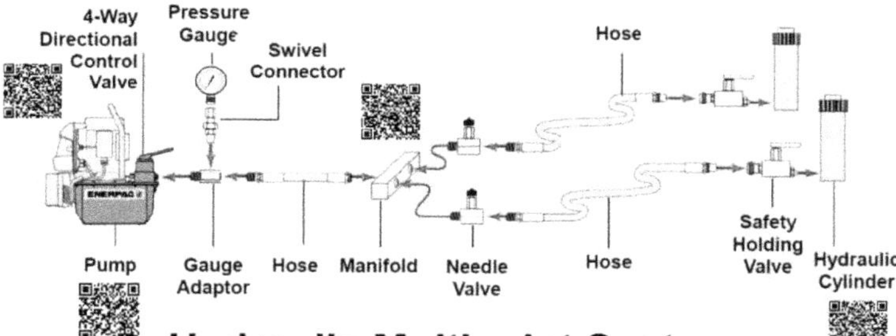

Hydraulic Multipoint System

Single Acting Hydraulic Cylinders

Piston Seal
Piston
Rod
Extension
Retraction
Barrel
Port

Push Action
Oil to extend Return by External Force
(e.g. Gravity)

Graphic Symbol
(P&ID Symbol)

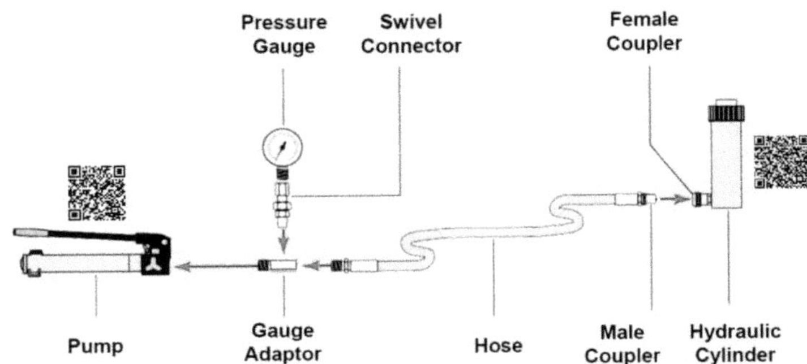

Hydraulic Single Point System

Types of Hydraulic Valves

- **Directional Control Valve:**
  Control the direction of flow of the hydraulic fluid to different lines in the circuit
- **Flow Control Valves:**
  Control the amount of fluid flow in the circuit
- **Pressure Control Valves:**
  Control the pressure in different segments in the circuit

Hydraulic Valves - Parts and Components

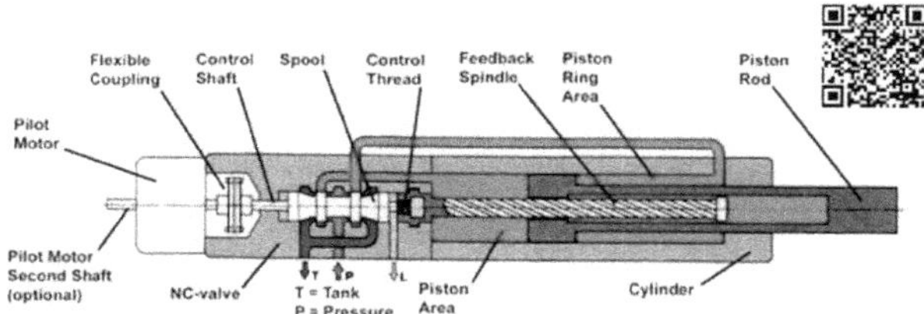

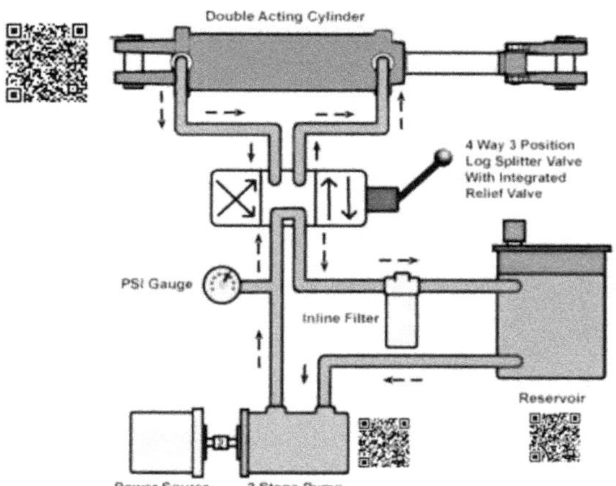

Hydraulic Double Acting Cylinder

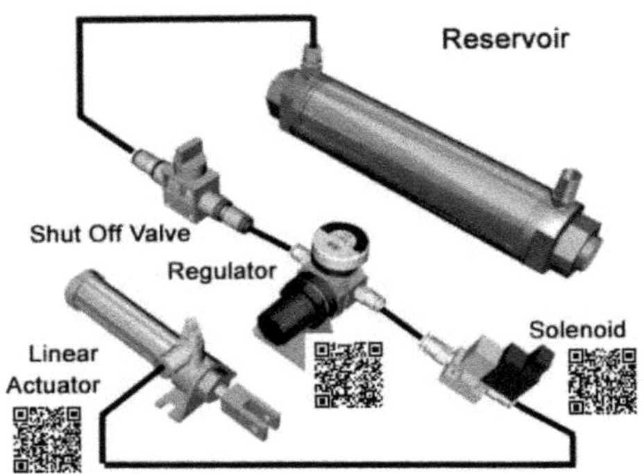

Pneumatic System

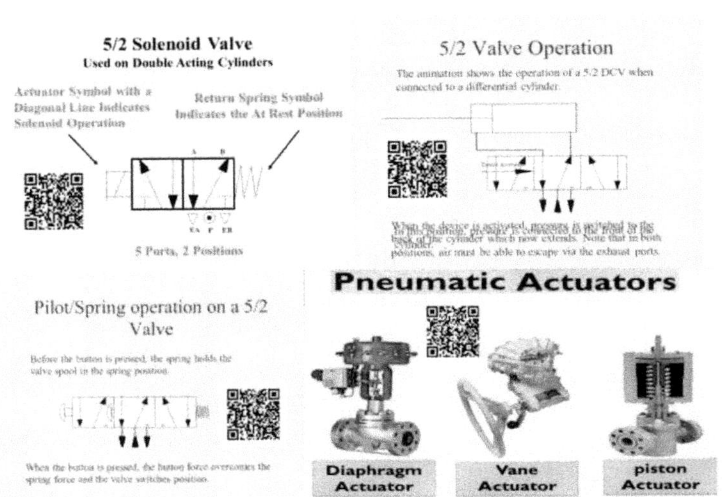

Pneumatic Control Valve **Pneumatic Control Valve Mechanisem**

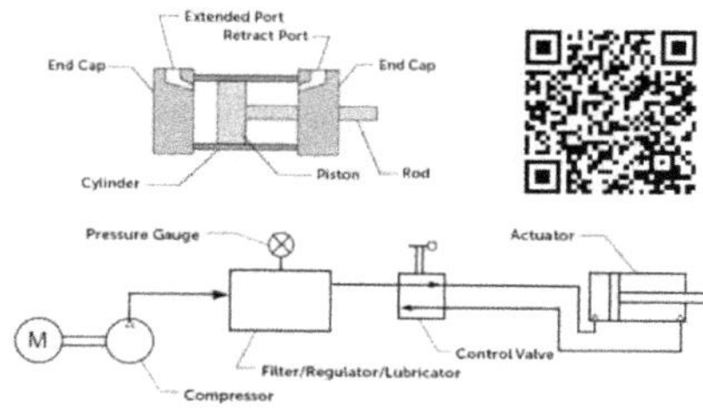

Pneumatic Cylinder System

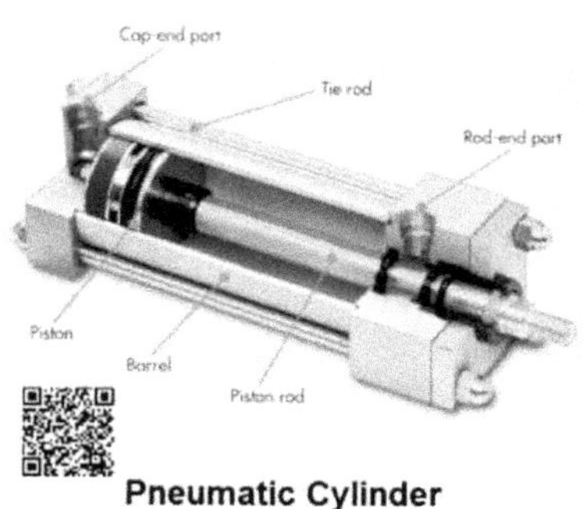

Pneumatic Cylinder

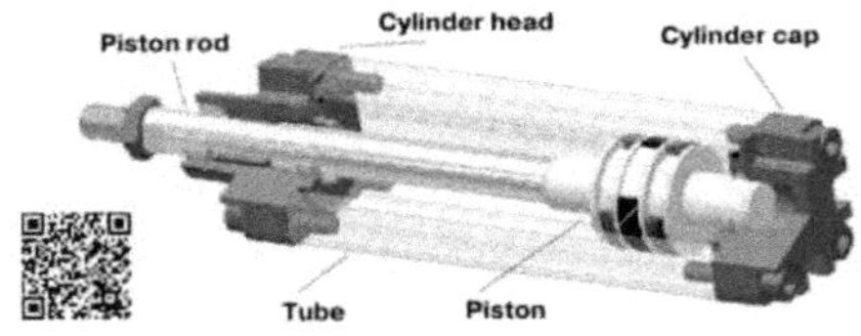
Pneumatic Cylinder
Piston rod
Cylinder head
Cylinder cap
Tube
Piston

2-way, 2-position, normally closed direct-acting solenoid valve, spring return

4-way (5-port), 2-position, piloted solenoid valve, spring return
A B
R P S

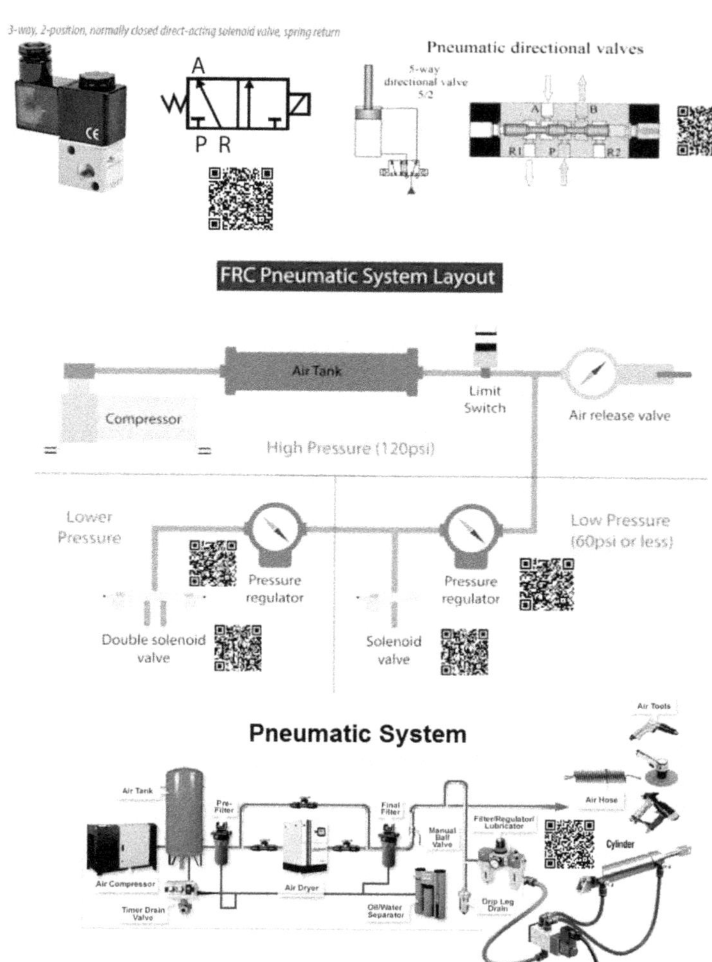
3-way, 2-position, normally closed direct-acting solenoid valve, spring return
A
P R
Pneumatic directional valves
5-way
directional valve
5/2
A
B
R1
P
R2
FRC Pneumatic System Layout
Air Tank
Limit
Switch
Air release valve
Compressor
High Pressure (120psi)
Lower
Pressure
Pressure
regulator
Pressure
regulator
Low Pressure
(60psi or less)
Double solenoid
valve
Solenoid
valve
Pneumatic System
Air Tools
Air Tank
Pre-
Filter
Final
Filter
Air Hose
Filter/Regulator/
Lubricator
Manual
Ball
Valve
Cylinder
Air Compressor
Air Dryer
Timer Drain
Valve
Oil/Water
Separator
Drip Leg
Drain
Valve

2

फिटर द्वितीय वर्ष हिंन्दी MCQ

जहां बोल्ट और थ्रेड्स को नुकसान से बचाया जाना है वहां इस्तेमाल किया जाता है।

ए] डोनाल्ड कैप नट

बी] थंब नट

सी] हेक्सागोनल अखरोट

डी] विंग-नट

02] जहां बार-बार हटाने और फिक्सिंग की आवश्यकता होती है वहां उपयोग किया जाता है।

ए] डोनाल्ड कैप नट

बी] थंब नट

सी] हेक्सागोनल अखरोट

डी] विंग-नट

03] मशीन निर्माण और संरचना कार्य में प्रयुक्त।

ए] डोनाल्ड कैप नट

बी] थंब नट

सी] हेक्सागोनल अखरोट

डी] विंग-नट

04] जहां बार-बार समायोजन करना होता है वहां प्रयुक्त होता है।

ए] डोनाल्ड कैप नट

बी] थंब नट

सी] हेक्सागोनल अखरोट

डी] विंग-नट

05] अखरोट में नायलॉन डालने से ढीलेपन को रोका जा सकता है।

ए] लॉकिंग प्लेट

बी] वायर लॉक

सी] सेल्फ लॉकिंग नट

डी] सावन अखरोट

06] अखरोट के आर-पार एक स्लॉट को आधा काट दिया जाता है।

ए] लॉकिंग प्लेट

बी] वायर लॉक

सी] सेल्फ लॉकिंग नट

डी] सावन अखरोट

07] दो बोल्टों को ढीला होने से रोकता है।

ए] लॉकिंग प्लेट

बी] वायर लॉक

सी] सेल्फ लॉकिंग नट

डी] सावन अखरोट

08] शीर्ष अखरोट के घूर्णन को रोकता है।

ए] ताला-अखरोट

बी] अंडाकार अखरोट

सी] सेल्फ लॉकिंग नट

डी] सावन अखरोट

09] अखरोट को फिट करने के लिए प्लेट के आकार का उपयोग करके अखरोट को ढीला होने से रोकता है।

ए] लॉकिंग प्लेट

बी] वायर लॉक

सी] सेल्फ लॉकिंग नट

डी] सावन अखरोट

10] षट्कोणीय अखरोट के निचले हिस्से के साथ बेलनाकार और रिक्त नाली बनायी जाती है।

ए] ताला-अखरोट

बी] अंडाकार अखरोट

सी] सेल्फ लॉकिंग नट

डी] सावन अखरोट

11] थ्रेडिंग टूल को 60◦ कोण के लिए सटीकता के लिए a . का उपयोग करके जाँचा जाता है

ए] थ्रेड प्लग गेज

बी] केंद्रगेज

सी] पेंच पिच गेज

डी] उपकरण कोण गेज

12] प्रति इंच थ्रेड्स की संख्या की जाँच a . से की जा सकती है

ए] टूल गेज

बी] गिनती द्वारा मीट्रिक नियम

सी] रिंग गेज

डी] पेंचपिचगेज

screw pitch gauge Screw Pitch Gauge

पेंचपिचगेज

13] पाइप के धागे का कोण क्या है?

ए] 60 डिग्री

बी] 47'/2 डिग्री'

सी] 29 डिग्री

डी] 55 डिग्री।

14] पाइप के धागे का क्या उपयोग है?

ए] ट्रांसमिशन

बी] दबाव बनाए रखें

सी] वायुरोधी कनेक्शन

डी] उपरोक्त में से कोई नहीं।

15] 2" पाइप के धागे की गहराई कितनी है?

ए] 0.5"

बी] 0.640"

सी] 0.335"

डी] 0.580"।

16] डाई और कटिंग टूल द्वारा रॉड या पाइप पर दिए जाने वाले एक्सटर्नल थ्रेड को क्या कहते हैं?...

(ए) दोहन

(बी) मरना
<u>(सी) थ्रेडिंग</u>
(डी) ग्रूविंग

tap and die1 Tap Die

मरो टैप करें

17] कोण 0f lS धागा (V आकार का) ---------- है
ए] 29 डिग्री
बी] 47 1/4°
सी] 50 डिग्री
<u>डी] 60</u>

18] निम्नलिखित में से किस विधि से केवल बाहरी धागे बनाए जाते हैं -------
ए] फॉर्म टूल mEthOd
बी] यौगिक आराम विधि
<u>सी] टेलस्टॉकऑफसेटविधि</u>
डी] टेपर टर्निंग अटैचमेंट विधि।

19] शिखा और धागे की जड़ को मिलाने वाली सतह को ---- के रूप में जाना जाता है
<u>ए] फ्लैंक</u>
बी] शंकु
सी] पिच सतह
डी] ये सभी

20] दो स्टार्ट थ्रेड की पिच 4 मिमी है। फिर धागे का नेतृत्व ----- द्वारा दिया जाता है
ए] 4 मिमी
बी] 2 मिमी
<u>सी] 8 मिमी</u>
डी] 6 मिमी

21] सिंगल पॉइंट कटिंग टूल का उपयोग करके लेड स्क्रू पिच वाले खराद पर 2.5 मिमी के स्क्रू थ्रेड को काटने के लिए आवश्यक गियर अनुपात है ----
<u>ए] 1:2</u>

बी] 2:1

सी] 1:1 मिमी

22] M24 x 3 मिमी आंतरिक धागे के लिए कट की गहराई है

ए] <u>0.5412 x 3</u>

बी] 0.6134 x 3

सी] 0.5 x 3

डी] 0.7 x 3

23] 24 x 3 मिमी आंतरिक एक्मे धागे काटने के लिए, नौकरी का मुख्य व्यास है

ए] 20.00 मिमी

बी] 21.66 मिमी

सी] 21.00 मिमी

डी] <u>20.60 मिमी</u>

24] मीट्रिक स्क्वायर थ्रेडिंग के लिए कट की गहराई है

ए] 0.6 एक्स पी

बी] <u>0.5 एक्सपी</u>

सी] 0.5412 एक्स पी

डी] 0.6412 एक्स पी

25] बट्रेस धागे को काटने के लिए, कट की गहराई है

ए] 0.5412 एक्स पी

बी] <u>0.6 एक्सपी</u>

सी] 0.7 एक्स पी

डी] 0.75 एक्स पी

26] टेम्पलेट क्या है?

ए] काटने के संचालन में से एक

बी] फॉर्म टर्निंग में से एक

सी] <u>नौकरीकाएकहीआंकड़ा</u>

डी] उपकरण में से एक

27] किस उद्देश्य से टेम्प्लेट का उपयोग किया जाता है?

ए] <u>अंकनऔरजांचकेलिए</u>

बी] थ्रेडिंग के लिए

सी] मोड़ के लिए

डी] मापने के लिए

28] टेम्प्लेट बनाने के लिए किस सामग्री का उपयोग किया जाता है?

ए] एचसीएस प्लेट

बी] विशेष उपकरण स्टील

सी] पीतल या तांबा

डी] जीआईशीटयाएमएसपतलीशीट

29] --------------- घटक के आकार की जाँच के लिए प्रयोग किया जाता है

टेम्पलेट

बी] स्नैप गेज

सी] उपकरण

डी] साइन बार

30] फेस कॉपी करने के लिए ...... टाइप टेम्प्लेट का उपयोग किया जाता है

ए] गोलाकार

बी] प्लेट प्रकार

सी] फ्लैट

डी] त्रिकोणीय

31] टेपर की शुद्धता की जांच आमतौर पर किसके माध्यम से की जाती है?

ए] टेपरगेज

बी] गेज ब्लॉक

सी] संकेतक और ऊंचाई गेज

32] बाहरी टेपर की जाँच की जाती है

ए] प्लग गेज सीमित करें

बी] टेपर रिंग गेज

सी] टेपर प्लग गेज

डी] धागा प्लग गेज।

33] समान घटकों की आयामी सटीकता की जांच करने के लिए, एक डायल परीक्षण संकेतक t 6 आकार के लिए सेट किया गया है और एक तुलनित्र के रूप में उपयोग किया जाता है। डायल टेस्ट इंडिकेटर पर सेट करने के लिए आप किसका उपयोग करेंगे?

ए] डायल टेस्ट इंडिकेटर

बी] टीटर गेज

सी] पर्चीगेज

डी], सतह गेज

34] साइन बार का उपयोग के लिए किया जाता है

ए] ड्रिलिंग के लिए नौकरी को समतल करना

B] टेपर जॉब का कोण ज्ञात करना

सी] छिद्रों का व्यास मापना

डी] धागे की प्रोफाइल जांच रहा है।

साइन बार

35] साइन बार की लंबाई के बीच की दूरी है

ए] साइन बार के एक छोर से दूसरे छोर तक

बी] साइन बार की विकर्ण क्रॉस लंबाई

<u>सी] रोलर्स के बीच केंद्र से केंद्र</u>

डी] रोलर्स के बीच बाहर से बाहर।

36] साइन बार का आकार इसके द्‌वारा निर्दिष्ट किया जाता है

भार

बी] चौड़ाई का माप

<u>सी] लंबाई</u>

डी] सेटिंग का अधिकतम कोण।

37]साइन बार के एक छोर पर स्टॉपर प्रदान करने का उद्‌देश्य है

ए] आसान हैंडलिंग

<u>बी] नौकरी को फिसलने से रोकना।</u>

सी] पर्ची गेज का समर्थन

डी] सेटिंग करते समय संदर्भ के रूप में उपयोग करना।

38] एक साइन बार उसके शरीर पर समान रूप से चार या पांच छेद के साथ बनाया जाता है। इन छेदों का उद्‌देश्य है

<u>ए] साइनबारकोआसानीसेसंभालें</u>

बी] पाप बार का वजन कम करें

सी] साइन बार की ऊपरी सतह के विरूपण को रोकें

D] साइन बार को अच्छा लुक दें

39] साइन बार का उपयोग के लिए किया जाता है

ए] छिद्रों के व्यास को मापना '

<u>B] टेपरजॉबकाकोणज्ञातकरना</u>

सी] ड्रिलिंग के लिए नौकरी को समतल करना

डी] एक थ्रेड की प्रोफाइल चकिंग

40] साइन बार का उपयोग करके कोणों को मापने के लिए स्लिप गेज की ऊंचाई और कोण के अनुपात के अनुसार बनाया गया कोण

<u>ए] साइनबारकीऊंचाई</u>

बी] संख्या पर्ची गेज

सी] साइन बार की लंबाई

डी] साइन बार की चौड़ाई

41] ----------- 1 की सटीकता के भीतर कोण की जांच के लिए प्रयोग किया जाता है।

ए] गेज

<u>बी] साइनबार</u>

सी] मंदिर

डी] टेलीस्कोपिक गेज

42] यदि साइन बार हैं तो संपर्क रोलर्स और डेटाम सतह की केंद्र रेखा

ए] वही लाइन ''

<u>बी] समानांतर</u>

सी] झुका हुआ

डी] लंबवत

43] साइन बार का बना होता है -।

ए] उच्च कार्बन स्टील

<u>बी] स्थिरक्रोमियमस्टील '</u>

सी] हाई स्पीड स्टील

डी] निकल स्टील

44] एल = 200 मिमी की लंबाई के साथ एक साइन बार का उपयोग वर्क पीस के कोण को सही ढंग से जांचने के लिए किया जाता है। जांचा जाने वाला कोण: 250 स्लिप गेज की ऊंचाई 'एच' की गणना करें?

<u>ए] 84.54 मिमी</u>

बी] 83.52 मिमी

सी] 81.81mm

डी] 85.52 मिमी

45] निम्नलिखित में से कौन सा कथन सही है?'

<u>ए] गेजकाउपयोगआकारकीजांचकेलिएकियाजाताहै</u>

बी] आकार को चकने के लिए टेम्पलेट का उपयोग किया जाता है

सी] गेज का उपयोग आकार मापने के लिए किया जाता है

डी] गेज का उपयोग घटक के आकार की जांच के लिए किया जाता है

46] अनुभाग में गेजों को किस मानक तापमान पर रखा जाता है?

ए] 100 सी

<u>बी] 20 डिग्रीसेल्सियस</u>

सी] 100 एफ

डी] 20 डिग्री फारेनहाइट

47] वर्कशॉप में आमतौर पर किस ग्रेड के स्लिप गेज का इस्तेमाल किया जाता है?

ए] ग्रेड 0

बी] ग्रेड एल

सी] ग्रेड एच

<u>डी] ग्रेड 0</u>

48] भारतीय मानकों के अनुसार एक विशेष सेट गेज का प्रयोग किया जाता है जिसमें

ए] 81 टुकड़े

<u>बी] 112 टुकड़े</u>

सी] 120 टुकड़े

डी] 130 टुकड़े

49] संदर्भ गेज की सटीकता है

ए] 0.05 मिमी

बी] 0.01 मिमी

<u>सी] 0.001।</u>

डी] 0.0001 मिमी

50] स्लिप गेज पर चींटी की गड़गड़ाहट के मामले में, इसे द्वारा हटा दिया जाना चाहिए

ए] भरना

<u>बी] लैपिंग</u>

सी] स्क्रैपिंग

डी] पीस

51] स्लिप गेज की कठोरता कितनी होनी चाहिए?

<u>ए] 63 सेअधिकएचआरसी</u>

बी] 58 एचआरसी

सी] 55 एचआरसी

डी] 50 एचआरसी

slip gauge 1 Slip Gauge

स्लिप गेज

52] ------------- 0.01 मिमी की सटीकता के भीतर घटक की जाँच के लिए स्लिप गेज का उपयोग किया जाता है।

<u>ए] कार्यशालागेज</u>

बी] निरीक्षण गेज

सी] संदर्भ गेज

डी] रिंग गेज

53], ------------ का उपयोग सटीक उपकरण की सटीकता की जांच के लिए किया जाता है।

<u>ए] गेजब्लॉक</u>

बी] फादर गेज

सी] साइन बार

डी] प्लग गेज

54] सटीकता सुनिश्चित करने के लिए उपयोग करने से पहले स्लिप गेज को साफ किया जाता है। इसके लिए आप किस माध्यम का प्रयोग करेंगे।

ए] तेल

बी] पतला

<u>सी] कार्बनटेट्राक्लोराइड / सफेदपेट्रोल</u>

डी] तारपीन का तेल

55]समान घटकों की आयामी सटीकता की जांच करने के लिए, एक डायल परीक्षण संकेतक t 6 आकार के लिए सेट किया गया है और एक तुलनित्र के रूप में उपयोग किया जाता है। डायल टेस्ट इंडिकेटर पर सेट करने के लिए आप किसका उपयोग करेंगे?

ए] डायल टेस्ट इंडिकेटर

बी] टीटर गेज

<u>सी] पर्चीगेज</u>

डी], सतह गेज

dial test indicator 1 Dial Guage

डायलटेस्टइंडिकेटर

56] साइन बार के बारे में निम्नलिखित में से कौन सा कथन सही नहीं है?

ए] दोनों तरफ रखे टो सटीक रोलर्स का उपयोग करता है

बी] क्रोमियम स्टील से बना है

C] सतह लैप्ड है

डी] छिद्रोंकीकेंद्ररेखाएंशीर्षसतहकीओरझुकीहोंगी

57] एक स्लिप गेज एक ---------- है

ए] आयताकारब्लॉक

बी] स्क्वायर ब्लॉक

सी] क्यूबिक ब्लॉक

डी] बेलनाकार ब्लॉक

58] स्लिप गेज की चौथी श्रृंखला में, सेट 46 पीस में निम्नलिखित में से कौन सी श्रेणी सही है?

ए] 1.0 से 9.0 मिमी।

बी] 1.001 101.009 मिमी

सी] 1.01 से 1.09 मिमी

डी]'1.1' से_-1.9 मिमी

59] स्लिप गेज की 5वीं श्रृंखला में, सेट 46 पीस में निम्नलिखित में से कौन सी श्रेणी सही है -

ए] 100 से 100 मिमी '

बी] 1.001 से 1.009 मिमी

सी] 1.01 से 0.09mrn

डी] 11 से 9 मिमी

60] स्लिप गेज की 2NDS श्रृंखला में, 45 पीस के सेट में निम्नलिखित में से कौन सी श्रेणी सही है-

ए] 1.0 से 9.0 मिमी

बी] 1.001 से 1. 009 मिमी

<u>सी] 1.01 से 1.09 मिमी</u>

डी] 1.1 से 1.9 मिमी

61] स्लिप गेज की तीसरी श्रृंखला में, सेट 46 पीस में निम्नलिखित में से कौन सी श्रेणी सही है –

ए] 10.0 से 100 मिमी

बी] 1.001 से 1.009 मिमी

सी] 1.01 से 1.09 मिमी

<u>डी] 1.1 से 1.9 मिमी</u>

62] स्लिप गेज की पहली श्रृंखला में, सेट 46 पीस में निम्नलिखित में से कौन सा रेंज सही है -

<u>ए] 0.001 मिमी</u>

बी] 001 मिमी

सी] 0.1 मिमी

डी] 1.0 मिमी

63] स्लिप गेज की दूसरी श्रृंखला में, 46 टुकड़ों के सेट में निम्नलिखित में से कौन सा कदम सही है -

ए] 0.001 मिमी

<u>बी] 0.01 मिमी</u>

सी] 0.1 मिमी

डी] 1-0 मिमी

64] स्लिप गेज की तीसरी श्रृंखला में, सेट 46 पीस में निम्नलिखित में से कौन सा कदम सही है?

ए] 0.001 मिमी

बी] 0.01 मिमी

<u>सी] 0.1 मिमी</u>

डी] 1.0 मिमी

65] सीमेंटेड कार्बाइड ट्रेडिंग टूल के लिए निम्नलिखित में से किस प्रकार का टिप?

ए] रिजेक्ट टूल पर क्लैम्पिंग के लिए

बी] <u>उपकरणपरटांकनाकेसाथ</u>

सी] उपकरण पर वेल्डिंग के साथ

66] प्रति इंच धागों की संख्या की जाँच a . से की जा सकती है

ए] टूल गेज

बी] गिनती द्वारा मीट्रिक नियम
सी] रिंग गेज
डी] पेंचपिचगेज

67] टेलीस्कोपिक गेज का उपयोग छेद और स्लॉट को मापने के लिए किया जाता है।
ए] 10 मिमी से 100 मिमी . तक
बी] 12 मिमी से 152 मिमी . तक
सी] 12.7 मिमी से 152.4 मिमी . तक
डी] उपरोक्त में से कोई नहीं।

Telescopic gauges 1 Teliscopic Gauge

टेलीस्कोपिक गेज

68] छोटे छेद वाले गेज का उपयोग छेद और स्लॉट को मापने के लिए किया जाता है।
ए] 10 मिमी . से नीचे
बी] 12.7 मिमी . से नीचे
सी] 20 मिमी . से नीचे
डी] 20.7 मिमी से नीचे।

69] संख्या ड्रिल श्रृंखला के एक सेट में निम्नलिखित श्रेणियों में ड्रिल होते हैं। सही रेंज इंगित करें
ए] 1 से 40
बी] 1 से 50
सी] 1 से 80
डी] 1 से 100

70] संख्या ड्रिल श्रृंखला में, सबसे छोटा ड्रिल आकार है...
ए] 0.1 मिमी
बी] 0.35 मिमी
सी] 0.5 मिमी
डी] 0.52 मिमी

71] संख्या ड्रिल श्रृंखला में, सबसे बड़ा ड्रिल आकार है...
ए] 102 मिमी

बी] 5.791 मिमी

सी] 5.613 मिमी

डी] 5.410 मिमी

72] अक्षर ड्रिल श्रृंखला में, ड्रिल 'ए' का आकार बराबर है ...

ए] 13 मिमी

बी] 6.08 मिमी

सी] 6.045 मिमी

डी] 5.944 मिमी

73] अक्षर ड्रिल श्रृंखला में, सबसे बड़ा ड्रिल आकार बराबर होता है...

ए] 10.33 मिमी

बी] 10.490 मिमी

सी] 12.01 मिमी

डी] 15.00 मिमी

74] फीलर गेज का प्रयोग किया जाता है...

ए] सतह खुरदरापन की जाँच करना

बी] वर्कपीस की रेडियस की जांच

सी] संभोगभागोंकेबीचकीखाईकीजाँचकरना

डी] होल लोकेटर की सटीकता की जांच

feeler gauge 1

Feeler Guage

फ़ीलर गौज़

75] राहत खांचे का उद्देश्य है...

ए] आवश्यक प्रकार के फिट को बनाए रखें

बी] बिनाकिसीरुकावटकेसतहोंकेबीचसंपर्कसुनिश्चितकरें

सी] स्नेहन के लिए बनाओ

डी] खेलने के लिए घटकों को समायोजित करें

76] आम तौर पर गेज से बने होते हैं

ए] निकलक्रोमियम

बी] हल्के स्टील

सी] कास्ट स्टील

डी] एचएसएस

77] आम तौर पर गेज का उपयोग के लिए किया जाता है

ए] बड़ेपैमानेपरउत्पादन

बी] घटकों को मापना

सी] व्यक्तिगत घटक

डी] आयामी सटीकता की जांच

78] एक केंद्र गेज का प्रयोग किया जाता है

ए] धागे की पिच की जांच करें

बी] <u>उपकरणकोसहीकेंद्रऊंचाईपरसेटकरें</u>

सी] धागे के फिट की जांच करें

डी] थ्रेडिंग टूल के कोण की जांच करें

centre gauge 1 Gauges

केंद्र गेज

79] एक मीट्रिक सेंटर गेज का कोण होता है

ए] 55◦

बी] <u>60◦</u>

सी] 47.5◦

डी] 29◦

80] स्लिप गेज पर चींटी की गड़गड़ाहट के मामले में, इसे हटा दिया जाना चाहिए

ए] भरना

<u>बी] लैपिंग</u>

सी] स्क्रैपिंग

डी] पीस

81] जिस उद्देश्य से लैपिंग ऑपरेशन किया जाता है ---

ए] सतह खत्म को परिष्कृत करने के लिए।

बी] फिट की गुणवत्ता में सुधार करने के लिए

सी] ज्यामितीय सटीकता में सुधार करने के लिए,

<u>डी] उपरोक्तसभी</u>

82] लैपिंग कंपाउंड मैटेरियल ---------- है

ए] रेत का पत्थर

<u>बी] हीरा</u>

सी] क्वाट्र्ज

डी] कोरन्डम

83] वर्कपीस कब अपघर्षक से चार्ज हो जाता है और लैप को काट देता है?

ए] काम का टुकड़ा गोद से कठिन है

<u>बी] कामकाटुकड़ागोदसेनरमहै</u>

सी] गोद काम के टुकड़े से नरम है

डी] गोद काम के टुकड़े की तुलना में मोटा है

84] लैपिंग प्लेट पर ---------- के लिए खांचे दिए गए हैं।

ए] प्लेट के विरूपण को रोकना

<u>बी] लैपिंगपेस्टकोबनाएरखना</u>

सी] घर्षण को कम करना

डी] धातु-चिप्स एकत्र करता है

85] डायमंड लैपिंग के लिए निम्नलिखित सामग्री का उपयोग किया जाता है ....

ए] एच55

<u>बी] कॉपर ‘</u>

सी] एल्यूमिनियम ऑक्साइड,

डी] उच्च कार्बन स्टील

86] निम्नलिखित में से कौन सी एक कोल्ड वर्किंग प्रक्रिया है जिसके द्वारा धातु को हटाए बिना सतह की फिनिश, आयामी सटीकता और वर्क हार्डनिंग में सुधार प्रभावित किया जा सकता है?

<u>ए] जलरहाहै</u>

बी] होनिंग

सी] लैपिंग _

डी] सुपर फिनिशिंग

87] ऑनिंग प्रोसेस में, स्पिंडल की गति होती है ---’ ------------

<u>ए] लंबवतऔरपारस्परिक</u>

बी] पारस्परिक

सी] लंबवत

डी] क्षैतिज और पारस्परिक

88] एलटी क्या प्रक्रिया को अपघर्षक छड़ी का उपयोग करके किया जाता है?

ए] लैपिंग

<u>बी] होनिंग</u>

सी] सुपर फिनिशिंग

89] यह प्रक्रिया कठोर और कठोर दोनों अवस्थाओं में की जाती है ------

ए] जल रहा है

बी] सुपर फिनिशिंग

सी] लैपिंग

<u>डी] होनिंग</u>

90] ऑनिंग प्रक्रिया को ---------- के लिए प्राथमिकता दी जाती है।

ए] आंतरिकछिद्रोंकोखत्मकरना

बी] कार्बाइड्स का बोरिंग

सी] आंतरिक धागे काटने ‘

डी] बाहरी पीस

91] होनिंग में सतह खुरदरापन की सीमा -------- की सीमा में है

ए] 0.9 से 5 माइक्रोन

बी] 0.1 से 5 माइक्रोन

सी] 0.13 से 1.25 माइक्रोन

डी] 0 से 100 माइक्रोन

92] ऑनिंग ऑपरेशन की उत्पादकता है

ए] लैपिंग ऑपरेशन की उत्पादकता से कम

बी] लैपिंगऑपरेशनकीउत्पादकतासेअधिक

सी] एक ही काम के टुकड़े के लिए लैपिंग ऑपरेशन की उत्पादकता के बराबर

डी] इनमें से कोई नहीं

93] अस्तर असर के लिए सामग्री।

ए] ड्यूरालुमिन

बी] पीतल

सी] कांस्य

डी] बबित

94] असंतुलित भार।

ए] आवास में पिन किया गया असर।

बी] असर का मलिनकिरण।

सी] आवास में बाहरी रिंग की कताई

डी] बॉल या रोलर डेंटिंग ।

95] आवास विकृत।

ए] आवास में पिन किया गया असर।

बी] असर का मलिनकिरण।

सी] आवास में बाहरी रिंग की कताई

डी] बॉल या रोलर डेंटिंग।

96] विकृत शाफ्ट और असर विधानसभा के अन्य भागों

ए] आवास में पिन किया गया असर।

बी] असर का मलिनकिरण।

सी] आवास में बाहरी रिंग की कताई

डी] बॉल या रोलर डेंटिंग।

97] हाउसिंग बोर बहुत बड़ा है।

ए] आवास में पिन किया गया असर।

बी] असर का मलिनकिरण।

सी] आवास में बाहरी रिंग की कताई

डी] बॉल या रोलर डेंटिंग।

98] बढ़ते का गलत तरीका।

ए] आवास में पिन किया गया असर ।

बी] असर का मलिनकिरण।

सी] आवास में बाहरी रिंग की कताई

डी] बॉल या रोलर डेंटिंग।

99] हाउसिंग बोर आउट ऑफ राउंड।

ए] आवास में पिन किया गया असर ।

बी] असर का मलिनकिरण।

सी] आवास में बाहरी रिंग की कताई

डी] बॉल या रोलर डेंटिंग।

100] शाफ्ट बियरिंग्स में प्रवेश करने वाली धूल या ग्रिट को रोकता है।

ए] '0' रिंग सील

बी] रेडियल लिप सील

सी] वाइपर सील

डी] स्प्रिंग लोडेड सील

101] सादे कार्बन स्टील को समान रूप से कम महत्वपूर्ण तापमान से ऊपर गर्म करना, ठोस समाधान के गठन की शुरुआत का कारण बनता है जिसे कहा जाता है...

ए] फेराइट

बी] पर्ललाइट

सी] ऑस्टेनाइट

डी] मार्टेंसाइट

102] आवश्यक गुण प्राप्त करने के लिए स्टील की संरचना को बदलने के लिए हीटिंग और कूलिंग की प्रक्रिया को कहा जाता है...

ए] हार्डनिंग

बी] गर्मीउपचार

सी] सामान्यीकरण

डी] तड़के

103] एनीलिंग का मुख्य उद्देश्य है

ए] कठोरता बढ़ाने के लिए

बी] क्रूरता बढ़ाने के लिए

सी] मशीनेबिलिटीमेंसुधारकरनेकेलिए

डी] विकृति को दूर करने के लिए

104] वह प्रक्रिया जो संरचना की एकरूपता के लिए और बेहतर यांत्रिक गुणों के लिए एक महीन दाने के उत्पादन में मदद करती है, के रूप में जानी जाती है...

ए] तड़के

बी] एनीलिंग

सी] हार्डनिंग

डी] सामान्यीकरण

105] निम्नलिखित में से कौन कार्बन और लोहे का मिश्र धातु है, जिसमें कार्बन संयुक्त अवस्था में है?

ए] स्टील

बी] गढ़ा लोहा

सी] कच्चा लोहा

डी] सुअर का लोहा

106] ठोस घोल बनाने के लिए लोहे में घुले कार्बन को कहा जाता है

ए] सीमेंटाइट

बी] फेराइट

सी] पर्ललाइट

डी] ऑस्टेनाईट

107] लोहे के साथ कार्बन के एक रासायनिक यौगिक को कहा जाता है...

ए] फेराइट

बी] पर्ललाइट

सी] सीमेंटाइट

डी] ऑस्टेनाईट

108] सीमेंटाइट और फेराइट मिलकर स्टील में एक लेमिनेटेड संरचना बनाएंगे जिसे कहा जाता है...

ए] मार्टेंसाइट

बी] मिश्र धातु इस्पात

सी] ऑस्टेनाइट

डी] पर्ललाइट

109] कार्बन स्टील में कार्बन की मात्रा में 0.83% से अधिक की वृद्धि आनुपातिक परिणाम देती है।

ए] लोच में कमी

बी] कठोरतामेंवृद्धि

सी] ताकत में वृद्धि

डी] लचीलापन में वृद्धि

110] निम्नलिखित में से कौन थर्मोप्लास्टिक्स है?

ए] फेनोलिक्स

बी] अमीनो

सी] एक्रिलिकराल

डी] पॉलीस्टर राल

111] निम्नलिखित में से कौन थर्मोसेटिंग प्लास्टिक श्रेणी के अंतर्गत आता है?

ए] सेल्युलोजिक्स

बी] नायलॉन

सी] एपॉक्सी

डी] पॉलीथीन

112] स्टील को सामान्य करने का उद्देश्य है ......

(ए) प्रेरित तनाव को दूर करें

(बी) मशीनेबिलिटी में सुधार

(सी) स्टील को नरम करें

(डी) कठोरता बढ़ाएं और भंगुरता कम करें

113] एक कार्बन स्टील के टुकड़े को 730 डिग्री सेल्सियस से ऊपर गर्म किया जाता है और कुछ घंटों के लिए उस तापमान पर रखा जाता है और फिर धीरे-धीरे ठंडा किया जाता है। क्या गर्मी उपचार प्रक्रिया की जाती है?

(ए) सामान्यीकरण

(बी) केस सख्त

(सी) सख्त

(डी) एनीलिंग

114] स्टील में कठोरता बढ़ जाती है और गर्मी उपचार ऑपरेशन द्वारा भंगुरता कम हो जाती है जिसे कहा जाता है ......

ए] एनीलिंग

बी] सामान्यीकरण

सी] तड़के

डी] केस हार्डनिंग

115] सायनाइडिंग और नाइट्रेटिंग .... की दो विधियाँ हैं।

ए] हार्डनिंग

बी] केस सख्त

सी] तड़के

डी] अमोनाइजिंग

116] हल्के स्टील के पुर्जों की बाहरी सतह को किसके द्वारा कठोर किया जा सकता है?

ए] तड़के

बी] सामान्यीकरण

सी] हार्डनिंग

डी] हार्डनिंग

117]नाइट्रेटिंग प्रक्रिया में NH3, गैस को .... पर पेश किया जाता है।

ए] 500 डिग्री सेल्सियस 2 560 डिग्री सेल्सियस

बी] 600 डिग्री सेल्सियस 3 650 डिग्री सेल्सियस

सी] 575 डिग्री सेल्सियस 3 600 डिग्री सेल्सियस

डी] 650 डिग्री सेल्सियस 3 700 डिग्री

118] हाई स्पीड स्टील को ...... पर टेम्पर्ड किया जाता है

ए] 220 डिग्री सेल्सियस 3 230 डिग्री सेल्सियस

बी] 280 डिग्री सेल्सियस '6 400 डिग्री सेल्सियस'

सी] 230 डिग्री सेल्सियस '3 270 डिग्री सेल्सियस'

डी] 550 डिग्री सेल्सियस 3 600 डिग्री सेल्सियस

119]उपकरण स्टील की सतह को सख्त करने के लिए निम्नलिखित में से किस प्रक्रिया का उपयोग किया जाता है?

ए] कार्बराइजिंग

बी] साइनाइडिंग

सी] प्रेरण सख्त

डी] हार्डनिंग

120] सख्त होने पर उच्च "माननीय स्टील का कम महत्वपूर्ण तापमान ...... है।

ए] 960 डिग्री सेल्सियस

बी] 900 डिग्री सेल्सियस

सी] 723 डिग्री सेल्सियस

डी] 560 डिग्री सेल्सियस

121] एचएसएस मिलिंग कटर की लगभग कठोरता है ....

ए] 45एचआरसीए

बी] 52 एचआरसी

सी] 62 एचआरसी

डी] 75 एचआरसी

122]एनीलिंग का मुख्य उद्देश्य क्या है]

ए] मशीनेबिलिटी में सुधार करने के लिए

बी] चुंबकत्व में सुधार करने के लिए

सी] कठोरता बढ़ाने के लिए

डी] कठोरता बढ़ाने के लिए

123]निम्नलिखित में से कौन सा ठोस प्रारंभिक विद्रोह सामग्री है?

ए] चारकोल

बी] पेट्रोल

सी] अमोनिया

डी] मिट्टी का तेल

124] स्टील को आवश्यक तापमान पर गर्म करने के बाद सख्त करते समय इसे उस तापमान पर सामान्य रूप से भिगोने के समय के रूप में रखा जाता है]

ए] 10 मिमी मोटाई के लिए 5 मिनट

बी] 5 मिमी मोटाई के लिए 10 मिनट

सी] 2 मिमी मोटाई के लिए 20 मिनट

डी] 2 मिमी मोटाई के लिए 20 मिनट

125]एचएसएस उपकरण को सख्त करने के लिए निम्नलिखित में से किस शमन माध्यम का उपयोग किया जाता है?

पानी

बी] नमकीन घोल

सी] तेल

डी] सोडा वाटर

126] उच्च गति वाले स्टील उपकरण के लिए सख्त तापमान है ......

ए] 1250 डिग्री सेल्सियस

बी] 950 डिग्री सेल्सियस

सी] 850 डिग्री सेल्सियस

डी] 750 डिग्री सेल्सियस

127]निम्नलिखित में से कौन एक कठोर स्टील को तड़का लगाने का उद्देश्य है।

ए] कठोरता को बढ़ाने के लिए

बी] लचीलापन बढ़ाने के लिए

सी] कठोरता बढ़ाने के लिए

डी] कठोरता को कम करने के लिए

128]सामान्य करते समय स्टील को ठंडा किया जाना चाहिए....

ए] स्थिर हवा से कमरे के तापमान में

बी] तेल में

सी] मजबूर हवा में

डी] पानी में

129]निम्न कार्बन स्टील की सतह पर कार्बन प्रतिशत बढ़ने की प्रक्रिया कहलाती है...

ए] हार्डनिंग

बी] मैनिंग

सी] कार्बराइजिंग

डी] तड़के

130]कठोर और तन्य कोर और कठोर बाहरी सतह के साथ एक घटक के उत्पादन की प्रक्रिया के रूप में जाना जाता है ......

ए] हार्डनिंग

बी] केस सख्त

सी] तड़के

डी] एनीलिंग

131]स्टील को ऊपरी महत्वपूर्ण तापमान से लगभग 400C तक गर्म करने और स्थिर हवा से कमरे के तापमान में ठंडा करने की प्रक्रिया को जाना जाता है .....

ए] हार्डनिंग

बी] एनीलिंग

सी] सामान्यीकरण / अनाज चल रहा है

डी] तड़के

132] निम्नलिखित में से कौन सी गर्मी उपचार प्रक्रिया घटक पर एक स्केल-फ्री सतह उत्पन्न करती है?

ए] फ्लेम हार्डनिंग

बी] केस हार्डनिंग

सी] सामान्यीकरण

डी] प्रेरण सख्त

133] विकर कठोरता परीक्षक के इंडेंटर का बिंदु कोण है ......

ए] 120 डिग्री

बी] 130 डिग्री

सी] 136 डिग्री

डी] 140 डिग्री

134]रॉकवेल कठोरता परीक्षक के बी स्केल के लिए लोड रेंज ......

ए] 5 किग्रा से 120 किग्रा

बी] 10 किग्रा से 100 किग्रा

सी] 10 किग्रा0 से 150 किग्रा0

डी] 100 किग्रा से 3000 किग्रा

135] रॉकवेल कठोरता परीक्षण विधि के लिए '3' पैमाने में लागू किया गया प्रमुख भार 3 है...

ए] 300 किग्रा

बी] 15 किग्रा

सी] 120 किग्रा

डी] 100 किग्रा

136] माइनर और मेजर लोड के बीच रीडिंग में अंतर को ध्यान में रखा जाता है।

ए] ब्रिनेल एलएमआरडीएनलेस टेस्ट

बी] रॉकवेल कठोरता परीक्षण

सी] किनारे कठोरता परीक्षण

डी] विकर्स कठोरता परीक्षण

137] आवश्यक गुण प्राप्त करने के लिए स्टील की संरचना को बदलने के लिए हीटिंग और कूलिंग की प्रक्रिया को कहा जाता है

ए] हार्डनिंग

बी] सामान्यीकरण

सी] गर्मी उपचार

डी] तड़के

138] एनीलिंग का मुख्य उद्देश्य है

ए] कठोरता बढ़ाएं

बी] कठोरता बढ़ाएँ

सी] मशीनेबिलिटीमेंसुधार

डी] विरूपण में सुधार

139] स्टील को सामान्य बनाने का उद्देश्य है -----------

ए] प्रेरिततनावकोदूरकरें

बी] जीन में सुधार और भंगुरता को कम करें

सी] धातु को नरम करें

डी] सतह बढ़ाएँ?

140] बाहरी 5" एनीलिंग . को सख्त करने के लिए निम्नलिखित में से किस प्रक्रिया का उपयोग किया जाता है?

ए] हार्डनिंग

बी] तड़के

सी] केसहार्डनिंग

डी] आंसू सतह

141] सख्त और तन्य कोर के साथ एक घटक के उत्पादन के उद्देश्य के रूप में जाना जाता है ......

ए] हार्डनिंग

बी] केससख्त

सी] तड़के

डी] एनीलिंग

142] सख्त होने पर उच्च कार्बन स्टील का कम महत्वपूर्ण तापमान ---------- होता है

ए] 9600C

बी] 900 डिग्री सेल्सियस

सी] 7230 सी

डी] 56O सी

143] संरचना को बदलने की प्रक्रिया और इस प्रकार हीटिंग और कूलिंग द्वारा गुणों को बदलने के रूप में जाना जाता है -

ए] हीटट्रीटमेंट

बी] मिश्र धातु

सी] तड़के

डी] इनमें से कोई नहीं

144] अनाज की संरचना को परिष्कृत करने के लिए निम्नलिखित में से कौन सी गर्मी उपचार प्रक्रिया को अपनाया जाता है।

ए] एनीलिंग

बी] हार्डनिंग

सी] तड़के

डी] सामान्यीकरण

145] एनीलिंग लोहे और स्टील पर की जाती है ----------

ए] आंतरिक तनाव को दूर करने के लिए

बी] कठोरता को कम करने के लिए

सी] मशीनेबिलिटी में सुधार करने के लिए

डी] येसभी

146] निम्नलिखित में से कौन-सा ऊष्मा उपचार के चरणों में नहीं आता है?

ए] ताप

बी] सफाई

सी] शमन

डी] भिगोना

147] सीमेंटेड कार्बाइड थ्रेडिंग टूल के लिए निम्नलिखित में से किस प्रकार का टिप?

ए] रिजेक्ट टूल पर क्लैम्पिंग के लिए

बी] <u>उपकरणपरटांकनाकेसाथ</u>

सी] उपकरण पर वेल्डिंग के साथ

डी] टूल पर सोल्डरिंग के साथ

148] सीमेंटेड कार्बाइड थ्रेडिंग टूल का सिरा है

ए] <u>ब्रेज्ड</u>

बी] वेल्डेड

सी] मिलाप

D] टांग से जकड़ा हुआ

149] सॉफ्ट सोल्डरिंग की जाती है

ए] <u>450◦ सी . सेनीचे</u>

बी] 450◦C . से ऊपर

सी] 900◦C . पर

डी] 1000◦C . से ऊपर

150] टांकना किया जाता है

ए] 1900◦C . पर

बी] <u>450◦C . सेऊपर</u>

सी] 1000◦C . पर

डी] 450◦C . से नीचे

151] एक ब्रेज़्ड जोड़ है

ए] एक टांका लगाने वाले जोड़ से कमजोर

बी] एक सोल्डर से अधिक मजबूत शामिल हों

सी] एक वेल्डेड संयुक्त से मजबूत

डी] <u>चांदीकेटांकालगानेवालेजोड़सेकमजोर</u>

152] टेम्पलेट क्या है?

ए] काटने के संचालन में से एक

बी] फॉर्म टर्निंग में से एक

सी] <u>नौकरीकाएकहीआंकड़ा</u>

डी] उपकरण में से एक

153] किस उद्देश्य से टेम्पलेट का उपयोग किया जाता है?

ए] <u>अंकनऔरजांचकेलिए</u>

बी] थ्रेडिंग के लिए

सी] मोड़ के लिए

डी] मापने के लिए

154] टेम्प्लेट बनाने के लिए किस सामग्री का उपयोग किया जाता है?

ए] एचसीएस प्लेट

बी] विशेष उपकरण स्टील

सी] पीतल या तांबा

डी] जीआईशीटयाएमएसपतलीशीट

155] --------------- घटक के आकार की जांच के लिए प्रयोग किया जाता है

ए] टेम्पलेट

बी] स्नैप गेज

सी] उपकरण

डी] साइन बार

156] एक छेद की ड्रिलिंग और रीमिंग के लिए इस्तेमाल की जाने वाली जिग बुश है...?

ए] फिट बुश दबाएं

बी] लाइनर बुश

सी] अक्षयझाड़ीपर्ची

डी] निश्चित अक्षय झाड़ी

157] निम्नलिखित में से किस उपकरण का उपयोग नौकरी रखने के लिए किया जाता है और काम करते समय टोल के लिए गाइड किया जाता है?

ए] गेज

बी] आवास

सी] जिगो

डी] स्थिरता

jig Jig Fixture

नमूना

158] निम्नलिखित में से कौन सा उपकरण केवल क्लैम्पिंग कार्य के लिए दिया गया है?

ए] जिगो

बी] स्थिरता

सी] आवास

डी] गेज

159] वेल्डिंग कार्य द्वारा निर्मित होने पर किस उपकरण का उपयोग वेल्डिंग कार्य के 360 डिग्री सेल्सियस तक स्थिर या घूमने के लिए किया जाता है?

ए] गेज

बी] खाका

सी] जिगो

डी] स्थिरता

Fixture 1 Jig Fixture

स्थिरता

160] जिग ड्रिलिंग की मुख्य चीजें मशीन टेबल के साथ क्लैम्पिंग नहीं है, कौन सा कारण सही है, निम्नलिखित दिया गया है?

ए] यहऑपरेशनकेलिएमजबूतहै

बी] यह ऑपरेशन के लिए आसान है

सी] काम पर ड्रिलिंग करते समय कई अलग-अलग आकार के छेद अलग-अलग सेटिंग से उत्पन्न होते हैं

डी] इस डिवाइस के लिए बहुत समय है

161] राउंड शेप जॉब लोकेशन के लिए कौन से स्थान सबसे उपयोगी हैं?

ए] पिन टाइप लोकेटर

बी] वेज टाइप लोकेटर

सी] वीलोकेटर

डी] समायोज्य स्टॉप लोकेटर

162] ड्रिलिंग जिग्स में बुशिंग का उपयोग करने के लिए कौन सा कारण सही है?

ए] ड्रिलिंग के लिए आसान

बी] निश्चित ड्रिल छेद आकार के लिए

सी] सटीकड्रिलिंगऑपरेशनकेलिए

डी] बेहतर फिनिश ड्रिलिंग होल के लिए

163] जिग बुश के निर्माण के लिए धातु है...?

ए] माइल्ड स्टील

बी] कच्चा लोहा

सी] कास्ट स्टील

<u>डी] उपकरणस्टील</u>

164] निम्नलिखित झाड़ी को देखते हुए नवीकरणीय झाड़ी का पता लगाने के लिए किस बस का उपयोग किया जाता है?

ए] फिट बुशिंग दबाएं

<u>बी] रैखिकझाड़ी</u>

सी] विशेष झाड़ी

डी] नर्ड बुशिंग

165] जिग में सहनशीलता है..?

ए] नौकरी सहिष्णुता के पांच वर्तमान

बी] नौकरी सहिष्णुता का दस प्रतिशत

<u>सी] 20% से 50% नौकरीसहनशीलता</u>

डी] 100% नौकरी सहनशीलता

166] बोर से लोकेशन के लिए निम्नलिखित में से किस जिग का उपयोग किया जाता है?

ए] प्लेट जिगो

बी] ठोस जिगो

<u>सी] जिगोपोस्टकरें</u>

डी] बॉक्स जिगो

167] निम्नलिखित में से किस जिग में ड्रिल प्लेट है?

ए] ठोस जिगो

<u>बी] प्लेटजिगो</u>

सी] बॉक्स जिगो

डी] टेबल जिगो

168] आंतरिक व्यास स्थान के लिए किस लोकेटर का उपयोग किया जाता है?

ए] ठोस सपोर्ट

<u>बी] पिनटाइपलोकेटर</u>

सी] वी लोकेटर

डी] घोंसला लोकेटर

169] ड्रम जिग बुशिंग- आम तौर पर ---------- के लिए कठोर होते हैं।

ए] माइल्ड स्टील

बी] कच्चा लोहा

सी] कास्ट स्टील

<u>डी] टूईस्टील</u>

170] जिग्स वह उपकरण है जो -------------

ए] काम के टुकड़े का पता लगाएँ

बी] वर्क पीस को पकड़ना और सपोर्ट करना

सी] काटने के उपकरण का मार्गदर्शन करें

<u>डी] उपरोक्तसभीकरताहै</u>

171] निम्नलिखित में से किस जिग्स का उपयोग बोर से आबंटन के लिए किया जाता है?

ए] प्लेट जिगो

बी] ठोस जिगो

<u>सी] जिगोपोस्टकरें</u>

डी] बॉक्स जिगो

172] स्थिरता एक उत्पादन उपकरण है जो ------------ है।

<u>ए] कामकेटुकड़ेकोपकड़ताहैऔरउसकापतालगाताहै</u>

बी] टुकड़ा रखता है

सी] काम के टुकड़े को चैट करता है,

D] न तो धारण करता है और न ही। काम के टुकड़े का पता लगाता है

173] निम्नलिखित में से किसका उपयोग उपकरण को निर्देशित करने और बड़े पैमाने पर उत्पादन में नौकरी रखने के लिए किया जाता है? '

ए] गेज।

बी] आवास

<u>सी] स्थिरता</u>

डी] जिगो

174] ड्रिल जिग में प्रोई/इडिंग बुशिंग का उद्देश्य निम्नलिखित में से क्या है?

<u>ए] सटीकड्रिलिंगऑपरेशनकेलिएड्रिलकासटीकपतालगानेऔरड्रिलकामार्गदर्शनकरनेकेलिए</u>

बी] ड्रिल किए जाने वाले छेद के आकार को निर्धारित करने के लिए

सी] आसान ड्रिलिंग के लिए

डी] ड्रिल किए गए छिद्रों में अच्छी तैयार सतह प्राप्त करने के लिए

175] ड्रिल जिग का उपयोग किसके लिए किया जाता है? _

ए] केवल ड्रिल संचालन।

बी] ड्रिलिंगकेलिएनौकरीदबाना

सी] ड्रिलिंग, रीमिंग, टैपिंग और अन्य संचालन

डी] केवल टूल्स का मार्गदर्शन करना

176] निम्नलिखित में से किस जिग्स में ड्रिल प्लेट होती है, जो ड्रिल किए जाने वाले घटक पर टिकी होती है? . . . .

ए] ठोस जिग।

बी] प्लेटजिग।

सी] बॉक्स जिगो

डी] ड्रुनियन जिगो

177] जिग एक उपकरण है जो -----------

ए] वर्कपीस का पता लगाता है।

बी] वर्कपीस और गाइड टूल को पकड़ें और सपोर्ट करें

सी] काटने के उपकरण का मार्गदर्शन करता है

डी] काटनेकेउपकरणकोपकड़ो।

178] ड्रिल जिग का उपयोग .... के लिए किया जाता है।

ए] ड्रिलिंग, रीमिंग, टैपिंगऔरअन्यसंबद्धसंचालन

बी] केवल ड्रिलिंग ऑपरेशन

सी] ड्रिलिंग करते समय नौकरी दबाना

डी] केवल उपकरण का मार्गदर्शन करना

179] स्थिरता एक उत्पादन उपकरण है जो ---------: -----

ए] वर्क पीस रखती है'

बी] काम के टुकड़े का पता लगाएँ

सी] कामकेटुकड़ेकोपकड़ताहैऔरढूंढताहै

D] वर्कपीस को न तो पकड़ता है और न ही ढूंढता है

180] बॉक्स जिग का उद्देश्य है:

ए] नौकरी पकड़ो और उपकरण को आंतरिक धागे बनाने के लिए मार्गदर्शन करें

बी] कईझुकेहुएछिद्रोंकाउत्पादनकरनेकेलिए

सी] कई सीधे छेद बनाने के लिए

डी] इनमें से कोई नहीं

181] जिग्स और फिक्स्चर्स -------- हैं।

ए] मशीनिंग टूल्स

बी] सटीकउपकरण

सी] दोनों (ए] और (बी)

डी] इनमें से कोई नहीं

182] 'फिक्स्चर की तुलना में वजन के मामले में जिग कैसे हैं?

ए] जिग्सजुड़नारकीतुलनामेंहल्केहोतेहैं

बी] जिग्स फिक्स्चर से भारी होते हैं

सी] जिग्स एक ही ऑपरेशन के लिए फिक्स्चर के वजन के बराबर हैं

डी] इनमें से कोई नहीं

183] मशीनिंग भागों के लिए कौन से फिक्स्चर का उपयोग किया जाता है, जो मुस्तह-ए-मशीनीकृत विवरण समान दूरी पर होते हैं?

ए] प्रोफ़ाइल जुड़नार

बी] डुप्लेक्स जुड़नार

सी] अनुक्रमणजुड़नार

डी] इनमें से कोई नहीं

184] जीएल पाइप बाहरी रूप से प्रदान किए जाते हैं

ए] कोई धागा नहीं

बी] समानांतर धागे

सी] पतला धागे

डी] न तो समानांतर और न ही पतला धागे।

thread2 screw threads

धागा

185] पाइप असेंबली में, गांजा पैकिंग का उपयोग किया जाता है

ए] आसान जुड़ाव के लिए

बी] धागे के बीच की खाई को भरने के लिए

सी] रिसाव से बचने के लिए

डी] तंग फिटिंग पाने के लिए।

186] सीलिंग कंपाउंड को पाइप के धागों पर लगाया जाएगा

ए] भांग पैकिंग से पहले

बी] भांग पैकिंग के बाद

सी] अस्थायी पैकिंग से पहले और बाद में

डी] उपरोक्त में से कोई नहीं।

187] अंकन से बचने के लिए तैयार ट्यूबलर रिंच सतहों पर प्रयुक्त।

एक स्टिलसन पाइप

बी] चेन रिंच

सी] पट्टा रिंच

डी] पदचिह्न रिंच

188] सीमित स्थानों में पाइप और गोल स्टॉक को पकड़ने और मोड़ने के लिए प्रयुक्त होता है।

ए] स्टिलसन पाइप

बी] चेन रिंच

सी] पट्टा रिंच

डी] पदचिह्न रिंच

189] इयर्ज व्यास के पाइप रखने के लिए प्रयुक्त होता है।

ए] स्टिलसन पाइप

बी] चेन रिंच

सी] पट्टा रिंच

डी] पदचिह्न रिंच

190] पाइप, ट्यूब और बेलनाकार छड़ को पकड़ने और मोड़ने के लिए उपयोग किया जाता है।

ए] स्टिलसन पाइप

बी] चेन रिंच

सी] पट्टा रिंच

डी] पदचिह्न रिंच

191] रस्सी को छोटे पाइप या रिम तक सुरक्षित करता है।

ए] स्लिप नॉट

बी] बाउल नॉट

सी] स्क्वायर गाँठ

डी] भेड़ की टांग की गाँठ ।

192] इसे मोड़कर कहीं भी ले जाया जा सकता है। त्वरित रिलीजिंग प्रकार पाइप वाइस के समान।

एक पोर्टेबल तह पाइप वाइस

बी] चेन पाइप वाइस

सी] पाइप वाइस

डी] उपरोक्त में से कोई नहीं

193] 63 मिमी से 200 मिमी व्यास से अधिक पाइप रखने के लिए प्रयुक्त होता है।

ए] पोर्टेबल फोल्डिंग पाइप वाइस

बी] चेन पाइप वाइस

सी] पाइप वाइस

डी] उपरोक्त में से कोई नहीं

194] त्वरित पकड़ और पाइप का पता लगाने के लिए उपयोग किया जाता है। 63 मिमी व्यास तक पाइप रखने के लिए प्रयुक्त होता है।

ए] पोर्टेबल फोल्डिंग पाइप वाइस

बी] चेन पाइप वाइस

सी] पाइप वाइस

डी] उपरोक्त में से कोई नहीं

195] 90° . का विचलन प्रदान करता है

एक प्लग

बी] कोहनी

सी] बेंड

डी] रेड्यूसर 'टी' शाखा

196] समकोण पर लंबी त्रिज्या के साथ दिशा परिवर्तन प्रदान करता है।

एक प्लग

बी] कोहनी

सी] बेंड

डी] रेड्यूसर 'टी' शाखा

197] एक लाइन को बंद करने के लिए प्रयुक्त होता है जिसमें एक आंतरिक धागा होता है।

ए] प्लग

बी] कोहनी

सी] बेंड

डी] रेड्यूसर 'टी' शाखा

198] '45° . का विचलन प्रदान करता है

ए] बेंडो

बी] रेड्यूसर 'टी' शाखा

सी] कोहनी

डी] टी पीस

199] रन के लिए समकोण पर आउटलेट प्रदान करता है।

ए] बेंडो

बी] रेड्यूसर 'टी' शाखा

सी] कोहनी

डी] <u>टी पीस</u>

200] जहां ' पाइप व्यास में बदलाव की आवश्यकता होती है वहां प्रयुक्त होता है।

ए] बेंडो

बी] <u>रेड्यूसर 'टी' शाखा</u>

सी] कोहनी

डी] टी पीस

201] पूर्व का चयन किस पर निर्भर करता है?

ए] <u>पाइप के बाहरी व्यास</u>

बी] पाइप की दीवार मोटाई

सी] पाइप का बोर व्यास

डी] उपरोक्त सभी।

202] एक शाखा प्रकार हाथ से संचालित पाइप झुकने वाली मशीन का उपयोग मोड़ने के लिए किया जाता है

ए] पीवीसीपाइप

बी] ऑनडुइट पाइप

सी] <u>जीपाइप्स</u>

डी] तांबे के पाइप।

203] हाइड्रोलिक पाइप बेंडिंग मशीन के इनर फॉर्मर्स पाइप को के व्यास तक मोड़ने में सक्षम होते हैं

ए] 40 मिमी

बी] 100 मिमी

सी] 20 मिमी

डी] <u>75 मिमी</u>

204] एक पाइप धागे का सम्मिलित कोण है

ए] 60 डिग्री

बी] 47°

सी] <u>55 डिग्री</u>

डी] 45 डिग्री

205] ग्लिपाइप की मानक लंबाई में उपलब्ध हैं

ए] 5 मीटर

बी] 18"

सी] <u>6 मीटर</u>

डी] 16 फीट।

206] मानक पाइप फिटिंग के अनुरूप धागे प्रदान किए जाते हैं
ए] बीए
बी] बीएसडब्ल्यू
सी] बसपा
डी] मीट्रिक।
207] ग्लिपाइप्स पर बाहरी धागे आसानी से निकल जाते हैं
ए] टैप सेट्स . द्वारा
बी] मर जाता है और स्टॉक मर जाता है
सी] केंद्र खराद
डी] धागा रोलर्स।
208] नल से पानी मजबूती से बंद होने पर भी बहता है।
ए] स्पिंडल मुड़ा हुआ।
बी] दोषपूर्ण वॉशर।
सी] स्पिंडल पर वाल्व ढीला।
डी] स्पिंडल धागा घिसा-पिटा।
209] चालू और बंद करने के लिए जोर से टैप करें।
ए] स्पिंडल मुड़ा हुआ।
बी] दोषपूर्ण वॉशर।
सी] स्पिंडल पर वाल्व ढीला।
डी] स्पिंडल धागा घिसा-पिटा।
210] चालू होने पर नल में तेज आवाज।
ए] स्पिंडल मुड़ा हुआ।
बी] दोषपूर्ण वॉशर।
सी] स्पिंडल पर वाल्व ढीला ।
डी] स्पिंडल धागा घिसा-पिटा।
211] जीएल पाइप बाहरी रूप से प्रदान किए जाते हैं
ए] कोई धागा नहीं
बी] समानांतर धागे
सी] पतला धागे
डी] न तो समानांतर और न ही पतला धागे।
212] पाइप असेंबली में, गांजा पैकिंग का उपयोग किया जाता है
ए] आसान जुड़ाव के लिए
बी] धागे के बीच की खाई को भरने के लिए
सी] रिसाव से बचने के लिए

डी] तंग फिटिंग पाने के लिए।

213] सीलिंग कंपाउंड को पाइप थ्रेड्स पर लगाया जाएगा

ए] भांग पैकिंग से पहले

बी] <u>भांग पैकिंग के बाद</u>

सी] अस्थायी पैकिंग से पहले और बाद में

डी] उपरोक्त में से कोई नहीं।

214] "क्लास बी" की आग को बुझाने के लिए किस प्रकार के अग्निशामक यंत्र का उपयोग किया जाता है ....

<u>ए] शुष्कशक्ति</u>

बी] कार्बन डाइऑक्साइड

सी] पानी की जेट

डी] फोम प्रकार

fire extinguisher

1 Fire Extingusher

अग्निशामक: आग

215] सामान्य आग को बुझाने के लिए किस प्रकार के अग्निशामक यंत्र का उपयोग किया जाता है?

<u>ए] जलप्रकारबुझानेवाला</u>

बी] फोम प्रकार बुझाने वाला

सी] शुष्क रासायनिक पाउडर एक्सटिंगुइशर

डी] कार्बन डाइऑक्साइड (C02] बुझाने वाला)

216] एलटी धातु चढ़ाना की एक रिवर्स प्रक्रिया है।

ए] इलेक्ट्रो ~ डिस्चार्ज मशीनिंग

बी] <u>विद्युत रासायनिक मशीनिंग</u>

सी] अल्ट्रासोनिक मशीनिंग

डी] वायर कट ईडीएम

217] एलटी का उपयोग पतले पतले इलेक्ट्रोड और वर्कपीस के बीच विकसित स्पार्क्स का उपयोग करके संकीर्ण स्लॉट और विस्तृत आंतरिक विशेषताओं को बनाने के लिए किया जाता है।

ए] इलेक्ट्रो ~ डिस्चार्ज मशीनिंग

बी] विद्युत रासायनिक मशीनिंग

सी] अल्ट्रासोनिक मशीनिंग

डी] <u>वायर कट ईडीएम</u>

218] धातु या कार्बन से बने इलेक्ट्रोड का टुकड़ा बिंदु के आकार में उपयोग किया जाता है।

ए] <u>इलेक्ट्रो ~ डिस्चार्ज मशीनिंग</u>

बी] विद्युत रासायनिक मशीनिंग

सी] अल्ट्रासोनिक मशीनिंग

डी] वायर कट ईडीएम

219] उच्च आवृत्ति ध्वनि का उपयोग उस बल के रूप में किया जाता है जिसके साथ काम के टुकड़े के खिलाफ घर्षण कणों को आगे बढ़ाया जाता है।

ए] इलेक्ट्रो ~ डिस्चार्ज मशीनिंग

बी] विद्युत रासायनिक मशीनिंग

सी] <u>अल्ट्रासोनिक मशीनिंग</u>

डी] वायर कट ईडीएम

220] टुकड़े के हिस्से के आकार में बने इलेक्ट्रोड का उपयोग करके, बिना किसी चिप के किसी भी जटिल आकार को बनाया जा सकता है।

ए] <u>इलेक्ट्रो ~ डिस्चार्ज मशीनिंग</u>

बी] विद्युत रासायनिक मशीनिंग

सी] अल्ट्रासोनिक मशीनिंग

डी] वायर कट ईडीएम

221] बहुत कम टॉर्क ट्रांसमिट करने के लिए।

ए] पंख कुंजी

बी] गिब हेड की

सी] वुड्रूफ़ कुंजी

डी] <u>सैडल कुंजी</u>

222] कुंजी का प्रोफाइल शाफ्ट को कमजोर करता है।

ए] पंख कुंजी

बी] गिब हेड की

सी] <u>वुड्रूफ़ कुंजी</u>

डी] सैडल कुंजी

223] यूनिडायरेक्शनल टॉर्क ट्रांसमिट करने के लिए।

ए] पंख कुंजी

बी] गिब हेड की

सी] वुड्रूफ़ कुंजी

डी] सैडल कुंजी

224] हैवी टॉर्क ट्रांसमिट करने के लिए।

ए] पंख कुंजी

बी] गिब हेड की

सी] वुड्रूफ़ कुंजी

डी] सैडल कुंजी

रोटेशन की दोनों दिशाओं में प्रभाव प्रकार के बहुत उच्च टोक़ को संचारित करने के लिए ।

ए] गिब हेड की

बी] वुड्रूफ़ कुंजी

सी] सैडल कुंजी

डी] स्पर्शरेखा कुंजी

226] शाफ्ट पर चटाई के टुकड़े के खिसकने या अक्षीय गति की अनुमति देता है।

ए] पंख कुंजी

बी] गिब हेड की

सी] वुड्रूफ़ कुंजी

डी] सैडल कुंजी

227] आसानी से निकाला जा सकता है।

ए] पंख कुंजी

बी] गिब हेड की

सी] वुड्रूफ़ कुंजी

डी] सैडल कुंजी

228] अस्तर असर के लिए सामग्री।

ए] ड्यूरालुमिन

बी] पीतल

सी] कांस्य

डी] बबित

229] विमान में तनावग्रस्त घटकों के लिए सामग्री।

ए] ड्यूरालुमिन

बी] पीतल

सी] कांस्य

डी] बबित

230] कार रेडिएटर कोर के लिए सामग्री।

ए] ड्यूरालुमिन

बी] पीतल

सी] कांस्य

डी] बबित

231] सामग्री टांकने वाली छड़ों के लिए।

ए] ड्यूरालुमिन

बी] पीतल

सी] कांस्य

डी] बबित

232] गंभीर गहरी ड्राइंग के लिए।

ए] कॉपर

बी] मंट्ज़ धातु

सी] कार्ट्रिज पीतल

डी] लीड

233] गर्म मुद्रांकन के लिए उपयोगी।

ए] कॉपर

बी] मंट्ज़ धातु

सी] कार्ट्रिज पीतल

डी] लीड

234] छत की चादरों पर लेप के लिए।

ए] कार्ट्रिज पीतल

बी] लीड

सी] फॉस्फोरब्रोंज कास्ट करें

डी] जिंक

235] भोजन l कंटेनरों में कोटिंग के लिए।

अगुवाई की

बी] फॉस्फोरब्रोन्ज कास्ट करें

सी] जिंक

डी] टिन

236] प्राइमर पेंट तैयार करने के लिए।

ए] कॉपर
बी] मंट्ज़ धातु
सी] कार्ट्रिज पीतल
डी] <u>लीड</u>
237] खारे पानी के क्षरण से सुरक्षा के लिए।
ए] कार्ट्रिज पीतल
बी] लीड
सी] फॉस्फोरब्रोंज कास्ट करें
डी] <u>जिंक</u>
238] यदि बेल्ट में कम तनाव है
ए] <u>बेल्ट फिसल जाता है।</u>
बी] बेल्ट क्षतिग्रस्त है।
सी] बेल्ट चाबुक।
डी] बेल्ट स्क्वील्स।

239] अगर बेल्ट में मिसलिग्न्मेंट है
ए] बेल्ट फिसल जाता है।
बी] <u>बेल्ट क्षतिग्रस्त है</u> ।
सी] बेल्ट चाबुक।
डी] बेल्ट स्क्वील्स।

240] यदि बेल्ट पर पल्सेटिंग लोड
ए] बेल्ट फिसल जाता है।
बी] बेल्ट क्षतिग्रस्त है।
सी] <u>बेल्ट चाबुक</u> ।
डी] बेल्ट स्क्वील्स।
241] अगर पुली पर हाई स्टार्टिंग टॉर्क
ए] बेल्ट फिसल जाता है।
बी] बेल्ट क्षतिग्रस्त है।
सी] बेल्ट चाबुक।
डी] <u>बेल्ट स्क्वील्स</u> ।

बेल्ट पर शॉक <u>एल ओड</u>
ए] बेल्ट फिसल जाता है।
बी] <u>बेल्ट क्षतिग्रस्त है</u> ।

सी] बेल्ट चाबुक।

डी] बेल्ट स्क्वील्स।

243] यदि फुफ्फुस के बीच केंद्र की दूरी अधिक है।

ए] बेल्ट फिसल जाता है।

बी] बेल्ट क्षतिग्रस्त है।

सी] <u>बेल्ट चाबुक</u> ।

डी] बेल्ट स्क्वील्स।

244] यह बड़े कोणों पर शक्ति के सकारात्मक संचरण की अनुमति देता है।

ए] स्लिप टाइप कपलिंग

बी] प्लेट युग्मन

सी] क्लैंप युग्मन

डी] <u>यूनिवर्सल कपलिंग</u>

245] यह स्वचालित रूप से बंद हो जाता है जब . टोक़ वसंत और जबड़े द्वारा उत्पन्न घर्षण से अधिक है।

ए] <u>स्लिप टाइप कपलिंग</u>

बी]] प्लेट युग्मन

सी] क्लैंप युग्मन

डी] यूनिवर्सल कपलिंग

246] इसका उपयोग तभी किया जा सकता है जब शाफ्ट सही संरेखण में हों।

ए] स्लिप टाइप कपलिंग

बी] <u>प्लेट युग्मन</u>

सी] क्लैंप युग्मन

डी] यूनिवर्सल कपलिंग

247] यह शाफ्ट के किसी भी अक्षीय आंदोलन की अनुमति नहीं देता है।

ए] स्लिप टाइप कपलिंग

बी] प्लेट युग्मन

सी] <u>क्लैंप युग्मन</u>

डी] यूनिवर्सल कपलिंग

248] इसका उपयोग ऑटोमोबाइल वाहनों में किया जाता है।

ए] पर्ची प्रकार युग्मन

बी] प्लेट युग्मन

सी] क्लैंप युग्मन

डी] <u>यूनिवर्सल कपलिंग</u>

249] ------------ खांचे आमतौर पर वी बेल्ट द्वारा संचालित पुली पर पाए जाते हैं

<u>ए] 'वी' आकारका</u>

बी] स्लॉट आकार।

सी] चौकोर आकार

डी] गोल आकार

250] पतवार का गियर पहिया संचालित होता है

ए] एक शाफ्ट द्वारा

बी] <u>एक पिनियन द्वारा</u>

सी] ब्लॉक स्लाइडिंग द्वारा।

डी] उपरोक्त में से कोई नहीं

251] घूर्णन गति को के माध्यम से पारस्परिक गति में परिवर्तित किया जाता है

ए] <u>रॉकर आर्म और बुल गियर</u>

बी] रैक और पिनियन

सी] कृमि और कृमि गियर

डी] उपरोक्त में से कोई नहीं

252] बैल गियर व्हील की एक पूर्ण क्रांति में राम को मिलता है

ए] एक रिवर्स स्ट्रोक

बी] <u>एक आगे और एक रिवर्स स्ट्रोक</u>

सी] एक फॉरवर्ड स्ट्रोक।

डी] उपरोक्त में से कोई नहीं

253] रिटर्न स्ट्रोक लेता है

ए] <u>फॉरवर्ड स्ट्रोक से कम समय</u>

बी] फॉरवर्ड स्ट्रोक से अधिक समय

सी] फॉरवर्ड स्ट्रोक के बराबर समय।

डी] उपरोक्त में से कोई नहीं

254] स्नेहक आवश्यक है ....

<u>ए] कमसेकमभारलेतेहुएमशीनकोसुचारूरूपसेचलाएं</u>

बी] मशीन को जल्दी से चलाएं

सी] मशीन को तुरंत बंद करो

डी] अधिक सटीकता के काम के टुकड़े का उत्पादन करें

255] एक्सट्रीम प्रेशर एडिटिव (ईपीए) को काटने वाले द्रव के साथ मिलाया जाता है ताकि इसकी शक्ति में सुधार हो सके।

ए] कूलिंग

<u>बी] स्नेहन</u>

डी] मशीनी सतह का उत्पादन

C] कटिंग जोन की सफाई

256] मशीन टूल्स में लुब्रिकेंट का उपयोग करने का मुख्य उद्देश्य है ------

ए] बनाने वाले हिस्सों को ठंडा करें

बी] मशीन टूल को गर्म होने से रोकें

सी] निकट संपर्क के लिए बनाने वाले हिस्सों को गीला करें

<u>डी] बनानेवालेहिस्सोंकेबीचघर्षणकोकमकरें</u>

257] निवारक अनुरक्षण ....

ए] रखरखाव में संवेदनशील उपकरणों का उपयोग शामिल है

बी] रखरखाव आमतौर पर ऑपरेटर द्वारा स्वयं किया जाता है

C] कार्य तभी किया जाता है जब मशीन खराब हो जाती है

<u>डी] अप्रत्याशितटूटनेकोकमकरनेकीयोजना</u>

258] ब्रेक डाउन रखरखाव क्या है?

ए] अप्रत्याशित टूटने को कम करने के लिए रखरखाव

बी] रखरखाव आमतौर पर स्वयं ऑपरेटर द्वारा किया जाता है

सी] रखरखाव में खराब हो चुके हिस्सों को बदलना शामिल है

<u>D] मशीनखराबहोनेपरहीमरम्मतकार्यकियाजाताहै</u>

259] नियमित रखरखाव ------------- है

ए] अप्रत्याशित टूटने को कम करने के लिए यह नियोजित रखरखाव है

बी] इस प्रकार के रखरखाव में संवेदनशील उपकरण का उपयोग शामिल है

सी] यह मरम्मत का काम है जब मशीन खराब हो जाती है

<u>डी] इसप्रकारकारखरखावआमतौरपरऑपरेटरद्वारास्वयंकियाजाताहै</u>

260] निम्नलिखित में से कौन सा वायवीय प्रणाली का लाभ है?

ए] <u>कमलागतवालेलेआउटकेलिए</u>

B] उत्पादन की दर बढ़ाने के लिए

सी] बेहतर कामकाजी माहौल के लिए

261] ग्राइंडिंग मशीन में प्रयुक्त हाइड्रोलिक द्रव का कौन सा गुण नहीं है?

ए] इसे हवा को नियंत्रित या अवशोषित नहीं करना चाहिए

बी] यह चलती भागों के क्षरण का कारण नहीं बनना चाहिए

सी] पर्याप्त चिपचिपापन होना चाहिए

<u>डी] इसेऑपरेटिंगतापमानपरवाष्पीकृतकरनाचाहिए</u>

262] मशीन के निचले हिस्से और फर्श या नींव के ब्लॉक के बीच के अंतराल को भरना।

ए] लकड़ी के रूप

बी] फाउंडेशन बोल्ट

सी] <u>ग्राउटिंग</u>

डी] टेम्पलेट

263] कंक्रीट डालने पर किसी भी हलचल को रोकने के लिए उपयोग किया जाता है।

ए] लकड़ी के रूप

बी] फाउंडेशन बोल्ट

सी] ग्राउटिंग

डी] टेम्पलेट

264] मशीन को हिलने से रोकने के लिए नींव पर मजबूती से पकड़ कर रखता था।

ए] लकड़ी के रूप

बी] फाउंडेशन बोल्ट

सी] ग्राउटिंग

डी] टेम्पलेट

265] लकड़ी के पैटर्न जो मशीन के आधार का प्रतिनिधित्व करते हैं और खुदाई पर बोल्ट का समर्थन करते हैं।

ए] लकड़ी के रूप

बी] फाउंडेशन बोल्ट

सी] ग्राउटिंग

डी] टेम्पलेट

266] इसे खुदाई में रखने के बाद कंक्रीट के दबाव को झेलने के लिए इसे बाहर से मजबूती से बांधा गया है।

ए] लकड़ी के रूप

बी] फाउंडेशन बोल्ट

सी] ग्राउटिंग

डी] टेम्पलेट

267] मशीन के स्तर की जांच करने के लिए प्रयोग किया जाता है

ए] क्रोबार

बी] आत्मा स्तर

सी] लेवलिंग जैक

डी] कील

268] समतल करने के लिए मशीन के आधार और फर्श के बीच की खाई में डाला गया।

ए] क्रोबार

बी] आत्मा स्तर

सी] लेवलिंग जैक

डी] कील

269] मशीन को उठाने के लिए उपयोग किया जाता है।

ए] क्रोबार

बी] आत्मा स्तर

सी] लेवलिंग जैक

डी] कील

270] एंटी-वाइब्रेशन पैड का उपयोग करके इसे कम किया जाता है।

ए] आत्मा स्तर

बी] लेवलिंग जैक

सी] वेज

डी] कंपन

271] आवधिक पुनः समतलन जल्दी से किया जा सकता है इसका उपयोग किया जाता है।

ए] क्रोबार

बी] आत्मा स्तर

सी] लेवलिंग जैक

डी] कील

183] अधिकांश हाइड्रोलिक सर्किट:

ए) एककेंद्रीयहाइड्रोलिकपावरयूनिटसेसंचालितहोताहै

बी) एयर-ओवर-ऑयल बिजली इकाइयों का प्रयोग करें

ग) एक समर्पित बिजली इकाई है

d) समर्पित बिजली इकाई नहीं है

184] हाइड्रोलिक और वायवीय सर्किट:

क) सभी कार्यों के लिए समान रूप से प्रदर्शन करें

बी) सभी कार्यों के लिए अलग-अलग प्रदर्शन करें

ग) कुछअपवादोंकेसाथऐसाहीकरें

d) सभी कार्य नहीं करता है

185] वायवीय परिपथ में स्नेहक है:

क) पंक्ति में पहला तत्व

b) पंक्ति में दूसरा तत्व

ग) पंक्तिमेंअंतिमतत्व

d) पंक्ति में तीसरा तत्व

186] हाइड्रोलिक सिस्टम की पहली लागत की तुलना वायवीय प्रणालियों से करते समय, आम तौर पर वे हैं:

ए) खरीदने के लिए और अधिक महंगा

बी) खरीदनेकेलिएकमखर्चीला

ग) लागत समान है

घ) लागत की आवश्यकता नहीं है

187] हाइड्रोलिक सिस्टम की परिचालन लागत की तुलना वायवीय प्रणालियों से करते समय, आम तौर पर वे होते हैं।

ए) संचालित करने के लिए और अधिक महंगा

बी) संचालितकरनेकेलिएकमखर्चीला

सी) लागत संचालित करने के लिए समान है

घ) लागत की आवश्यकता नहीं है

188] सबसे आम हाइड्रोलिक द्रव है:

ए) खनिज तेल

बी) सिंथेटिक तरल पदार्थ

सी) पानी

घ) जेल

189) हाइड्रोलिक पावर सिस्टम में किस द्रव का उपयोग किया जाता है?

पानी

उबलना

सी] गैर-संपीड़ित तरल पदार्थ

डी] उपरोक्तसभी

190) 1 बार का दबाव बराबर होता है

ए] 14]5 पीएसआई

बी] 145 पीएसआई

ग] 12]5 पीएसआई

घ] 145 x 10-6 पीएसआई

191) ओवरलोडिंग का द्रव शक्ति और विद्युत प्रणालियों पर क्या प्रभाव पड़ता है?

a] विद्युत प्रणालियों में विद्युत घटक क्षतिग्रस्त हो जाते हैं

बी] द्रव शक्ति प्रणाली घटकों को नुकसान पहुंचाए बिना काम करना बंद कर देती है

सी] दोनोंए] औरबी]

डी] उपरोक्त में से कोई नहीं

192) द्रव विद्युत प्रणालियों में शक्ति का संचार कैसे होता है?

ए] शक्तितुरंतप्रसारितहोतीहै

बी] शक्ति धीरे-धीरे प्रसारित होती है

सी] दोनों ए] और बी]

डी] उपरोक्त में से कोई नहीं

193) आम तौर पर तरल पदार्थ गैर-संपीड़ित होते हैं लेकिन जब 70 बार का एक बड़ा दबाव लगाया जाता है, तो पेट्रोलियम तेल को संपीड़ित किया जा सकता है

a] 0] इसकीमूलमात्राका 5%

बी] इसकी मूल मात्रा का 1%

सी] इसकी मूल मात्रा का 5%

डी] उपरोक्त में से कोई नहीं

194) एक पिस्टन के अंदर द्रव के प्रवाह के लिए दिया गया प्रतिरोध विकसित होता है

ए] दबाव

बी] बल

सी] तनाव

D। उपरोक्त सभी

195) कम दबाव पर, तरल पदार्थ होते हैं

ए] संपीड़ित

बी] गैर-संपीड़ित

ग] अप्रत्याशित

196) हाइड्रोलिक सिस्टम में,

a]

यांत्रिकऊर्जाकोतेलमेंस्थानांतरितकियाजाताहैऔरफिरयांत्रिकऊर्जामेंपरिवर्तितकियाजाताहै

बी] विद्युत ऊर्जा को तेल में स्थानांतरित किया जाता है और फिर यांत्रिक ऊर्जा में परिवर्तित किया जाता है

ग] यांत्रिक ऊर्जा को तेल में स्थानांतरित किया जाता है और विद्युत ऊर्जा में परिवर्तित किया जाता है

डी] उपरोक्त में से कोई नहीं

197) निम्न में से किसका उपयोग हाइड्रोलिक पावर यूनिट में एक घटक के रूप में किया जाता है?

ए] दबाव नापने का यंत्र

बी] फिलर गेज

सी] वाल्व

डी] जलाशय

198) हाइड्रोलिक पावर यूनिट में रोटरी गति का उपयोग करके प्राप्त किया जाता है

ए] हाइड्रोलिक सिलेंडर

बी] वायवीय सिलेंडर

ग] दोनों हाइड्रोलिक और वायवीय सिलेंडर

डी] उपरोक्तमेंसेकोईनहीं

199) स्थिर विस्थापन फलक पंप के लिए गति और प्रवाह दर के बीच क्या संबंध है?
ए] रोटरकीगतिमेंवृद्धिकेसाथप्रवाहदरबढ़जातीहै
बी] रोटर की गति में वृद्धि के साथ प्रवाह दर घट जाती है
ग] प्रवाह दर स्थिर है और गति में परिवर्तन के साथ नहीं बदलता है
डी] उपरोक्त में से कोई नहीं
200) निश्चित विस्थापन फलक पंप में,
ए] कामकेदबावमेंवृद्धिकेसाथप्रवाहदरघटजातीहै
बी] काम के दबाव में वृद्धि के साथ प्रवाह दर बढ़ जाती है
सी] प्रवाह दर स्थिर है और काम के दबाव के साथ नहीं बदलता है
डी] उपरोक्त में से कोई नहीं
201) हाइड्रोलिक एक्ट्यूएटर्स द्वारा किस प्रकार की गति का संचार किया जाता है?
ए] रैखिक गति
बी] रोटरी गति
सी] दोनोंए] औरबी]
डी] उपरोक्त में से कोई नहीं
202) इलेक्ट्रिक एक्ट्यूएटर का क्या कार्य है?
ए] विद्युतऊर्जाकोयांत्रिकटोक़मेंपरिवर्तितकरताहै
बी] यांत्रिक टोक़ को विद्युत ऊर्जा में परिवर्तित करता है
सी] यांत्रिक ऊर्जा को यांत्रिक टोक़ में परिवर्तित करता है
डी] उपरोक्त में से कोई नहीं
203) निम्नलिखित में से कौन निर्माण पर आधारित हाइड्रोलिक सिलेंडर है?
ए] एकल अभिनय सिलेंडर
बी] डबल अभिनय सिलेंडर
सी] वेल्डेडडिजाइनसिलेंडर
D। उपरोक्त सभी
204) हाइड्रोलिक सिलेंडरों द्वारा किस ऊर्जा को यांत्रिक ऊर्जा में परिवर्तित किया जाता है?
ए] हाइड्रोस्टेटिकऊर्जा
बी] हाइड्रोडायनामिक ऊर्जा
ग] विद्युत ऊर्जा
डी] उपरोक्त में से कोई नहीं
205) एकल अभिनय सिलेंडर का उपयोग करने का क्या फायदा है?
ए] उच्च लागत और विश्वसनीय
बी] पंप की आंतरिक सतह के अंदर सम्मान की आवश्यकता नहीं है

ग] <u>पिस्टनसीलकीआवश्यकतानहींहै</u>

D। उपरोक्त सभी

206) प्रवाह नियंत्रण वाल्व का कार्य क्या है?

ए] प्रवाह नियंत्रण वाल्व तेल प्रवाह की दिशा बदलता है

बी] <u>प्रवाहनियंत्रणवाल्वहाइड्रोलिकतेलकीप्रवाहदरकोसमायोजितकरसकताहै</u>

सी] दोनों ए] और बी]

डी] उपरोक्त में से कोई नहीं

207) 4/2 वाल्व में संख्याओं का क्या अर्थ है?

ए] 4 स्थिति और 2 तरीके

बी] 4 <u>तरीकेऔर 2 स्थिति</u>

ग] उपरोक्त में से कोई नहीं

डी] 3 तरीके 2 स्थिति

208) किस प्रकार के सोलनॉइड में कॉइल के खराब होने की संभावना अधिक होती है?

ए] <u>एसीसोलनॉइड</u>

बी] डीसी सोलनॉइड

ग] एसी और डीसी दोनों सोलेनोइड्स

डी] उपरोक्त में से कोई नहीं

209) दो चरण दिशा नियंत्रण वाल्व में कौन सा चरण सोलनॉइड संचालित होता है?

ए] मुख्य चरण दिशा नियंत्रण वाल्व

बी] <u>पायलटचरणदिशानियंत्रणवाल्व</u>

सी] दो चरण दिशा नियंत्रण में दोनों चरण सोलनॉइड संचालित होते हैं

डी] उपरोक्त में से कोई नहीं

210) निम्नलिखित में से कौन एक गैस आवेशित संचायक है?

ए] <u>मूत्राशयकाप्रकार</u>

बी] वसंत लोड संचायक

सी] भारित संचायक

D। उपरोक्त सभी

211) पिस्टन के नीचे द्रव के दबाव की गणना भारित संचायक में कैसे की जाती है?

a] <u>द्रवकादबाव = (वजनजोड़ा / पिस्टनक्षेत्र)</u>

बी] द्रव का दबाव = (पिस्टन क्षेत्र / वजन जोड़ा गया)

ग] द्रव का दबाव = (वजन जोड़ा / पिस्टन बल)

d] द्रव का दबाव = (पिस्टन बल / भार जोड़ा गया)

212) गैस आवेशित संचायक में निम्नलिखित में से किस गैस का उपयोग किया जाता है?

ए] ऑक्सीजन

बी] नाइट्रोजन

सी] कार्बन डाइऑक्साइड

D। उपरोक्त सभी

213) रुद्धोष्म रूप से दबाव और आयतन में तेजी से बदलाव का संबंध इस प्रकार दिया गया है:

a] p0 v0 = p1 v1 = p2 v2

ख] p0 v0 = p1 v1n = p2 v2n

ग] p0 v0n = p1 v1n = p2 v2n

डी] उपरोक्त में से कोई नहीं

214) क्लैम्पिंग ऑपरेशन में पायलट द्वारा संचालित चेक वाल्व का उपयोग क्यों किया जाता है?

ए] स्पूल वाल्व में रिसाव को कम करने के लिए

बी] क्लैंपिंग के दौरान दबाव में कमी से बचने के लिए

सी] *दोनोंए] औरबी]*

डी] उपरोक्त में से कोई नहीं

215) नीचे दिखाया गया हिस्सा किस क्षेत्र को दर्शाता है?

ए] रॉड क्षेत्र

बी] पूर्ण बोर क्षेत्र

सी] एनलसक्षेत्र

डी] उपरोक्त में से कोई नहीं

216) निम्नलिखित में से कौन सा कथन सत्य है?

ए] मीटर-इन फीड सर्किट में दो दिशाओं में गति नियंत्रण होता है

बी] मानकब्लॉकफीडसर्किटमेंदोदिशाओंमेंगतिनियंत्रणहोताहै

सी] टैंक लाइन फीड कंट्रोल सिस्टम में केवल एक दिशा में गति नियंत्रण होता है

D। उपरोक्त सभी

217) रोटरी चक में रिसाव की भरपाई किसके द्वारा की जा सकती है

ए] प्रवाह नियंत्रण वाल्व

बी] पायलट संचालित चेक वाल्व

ग] संचायक

D। उपरोक्त सभी

218) सुरक्षा के उद्देश्य से सिस्टम से संचायक को ब्लॉक करने के लिए किस वाल्व का उपयोग किया जाता है?

ए] पायलट वाल्व

बी] सुईवाल्व

ग] डिटेंट वाल्व

D। उपरोक्त सभी

219) औद्योगिक अनुप्रयोगों में उपयोग किए जाने पर निम्नलिखित में से कौन सी प्रणाली अधिक ऊर्जा उत्पन्न करती है?

ए] हाइड्रोलिकसिस्टम

बी] वायवीय प्रणाली

c] दोनों प्रणालियाँ समान ऊर्जा उत्पन्न करती हैं

डी] नहीं कह सकता

220) किस प्रकार के कंप्रेसर को संपीड़ित हवा के लिए जलाशय की आवश्यकता होती है और क्यों?

ए] स्पंदन प्रभाव से बचने के लिए रोटरी कंप्रेसर

बी] स्पंदनप्रभावसेबचनेकेलिएपारस्परिककंप्रेसर

ग] स्पंदन प्रभाव से बचने के लिए रोटरी और रिसीप्रोकेटिंग कम्प्रेसर दोनों;

डी] उपरोक्त में से कोई नहीं

221) कंप्रेसर का चयन करते समय निम्नलिखित में से किन कारकों पर विचार किया जाता है?

ए] आवश्यक तेल फिल्टर का प्रकार

बी] वॉल्यूमेट्रिकदक्षता

ग] इस्तेमाल किए गए तरल पदार्थों की चिपचिपाहट

D। उपरोक्त सभी

222) निम्नलिखित में से कौन वायु उत्पादन प्रणाली में प्रयुक्त होने वाला घटक है?

ए] दबाव स्विच

बी] दबाव नापने का यंत्र

सी] सुखानेकीमशीन

डी] इंटरकूलर

223) एक दो चरण के कंप्रेसर में एक इंटरकूलर कहाँ जुड़ा है?

ए] इंटरकूलर दो चरण कंप्रेसर के बाद जुड़ा हुआ है

बी] इंटरकूलरकंप्रेसरकेदोचरणोंकेबीचजुड़ाहुआहै

सी] इंटरकूलर दो चरण कंप्रेसर से पहले जुड़ा हुआ है

डी] उपरोक्त में से कोई नहीं

224) निम्नलिखित में से किस संकेतन का प्रयोग नियामक इकाई का प्रतिनिधित्व करने के लिए किया जाता है?

ए] 3]0

बी] <u>0]3</u>

ग] 3

डी] उपरोक्त में से कोई नहीं

225) निम्नलिखित में से कौन सा तर्क वाल्व शटल वाल्व के रूप में जाना जाता है?

ए] <u>यागेट</u>

बी] और गेट

सी] नोर गेट

घ] नंद

226) वायवीय प्रणालियों में, AND गेट को के रूप में भी जाना जाता है

ए] चेक वाल्व

बी] शटल वाल्व

सी] <u>दोहरीदबाववाल्व</u>

डी] उपरोक्त में से कोई नहीं

227) दबाव अनुक्रम वाल्व क्या है?

ए] <u>यहसमायोज्यदबावराहतवाल्वऔरदिशात्मकनियंत्रणवाल्वकाएकसंयोजनहै</u>

बी] यह गैर-समायोज्य दबाव राहत वाल्व और दिशात्मक नियंत्रण वाल्व का एक संयोजन है

ग] यह समायोज्य दबाव कम करने वाले वाल्व और चेक वाल्व का एक संयोजन है

डी] यह समायोज्य दबाव कम करने वाले वाल्व और प्रवाह नियंत्रण वाल्व का एक संयोजन है

228) न्यूमेटिक सिस्टम में सिग्नल के ओवरलैपिंग से बचा जा सकता है

ए] रोलिंग लीवर वाल्व

बी] निष्क्रिय रोलर लीवर वाल्व

सी] <u>दोनोंए] औरबी]</u>

डी] उपरोक्त में से कोई नहीं

229) निम्नलिखित में से कौन सा कथन कैस्केड विधि के लिए सही है जिसका उपयोग वायवीय सर्किट बनाने के लिए किया जाता है?

ए] सिग्नल प्रोसेसिंग वाल्व समानांतर में जुड़े हुए हैं

बी] जब सिग्नल प्रोसेसिंग वाल्व की संख्या 4 से अधिक होती है, तो सिग्नल मजबूत होते हैं

सी] <u>कैस्केडविधिलागतकारकपरविचारनहींकरतीहै</u>

D। उपरोक्त सभी

230) 3/2 वाल्व के नीचे दिए गए आरेख में दिखाए गए भाग को क्या कहते हैं?

ए] मैन्युअल रूप से संचालित वाल्व

बी] पायलटसंचालितवाल्व

ग] दबाव विद्युत कनवर्टर

डी] उपरोक्त में से कोई नहीं

231) किस प्रणाली में, सर्वो वाल्व का स्पूल टॉर्क मोटर द्वारा संचालित होता है?

ए] हाइड्रोमैकेनिकल सर्वो सिस्टम

बी] इलेक्ट्रोहाइड्रोलिकसर्वोसिस्टम

सी] पारंपरिक सर्वो वाल्व

D। उपरोक्त सभी

232) सर्वो वाल्व सिस्टम में सर्वो का क्या अर्थ है?

ए] यह एक प्रतिक्रिया प्राप्त नहीं कर सकता है लेकिन वांछित आउटपुट प्राप्त किया जा सकता है

बी] यह एक प्रतिक्रिया प्राप्त नहीं कर सकता है और वांछित आउटपुट प्राप्त नहीं किया जा सकता है

ग] यहएकप्रतिक्रियाप्राप्तकरसकताहैऔरवांछितआउटपुटप्राप्तकियाजासकताहै

डी] उपरोक्त में से कोई नहीं

233) पारंपरिक वाल्व में, स्पूल को स्थानांतरित करने के लिए किस घटक का उपयोग किया जाता है?

ए] टोक़ मोटर

बी] यांत्रिक सर्वो वाल्व

सी] सोलनॉइड

D। उपरोक्त सभी

234) डीसी सोलनॉइड कॉइल का क्या फायदा है?

ए] डीसी सोलनॉइड कॉइल्स में करंट में उच्च भीड़ होती है

बी] डीसीसोलनॉइडकॉइलमेंकरंटकास्तरस्थिरहोताहै

सी] डीसी सोलनॉइड कॉइल्स की रेटिंग 220 वी डीसी है

D। उपरोक्त सभी

235) निम्नलिखित में से कौन सा कथन आनुपातिक वाल्व के लिए सही है?

ए] आनुपातिकवाल्वकास्पूलअधिकतमलंबाईकीयात्राकरसकताहै

बी] आनुपातिक वाल्व में डिजिटल प्रकार की कार्यप्रणाली संभव है

सी] आनुपातिक वाल्व को एक अलग प्रवाह नियंत्रण वाल्व की आवश्यकता होती है

D। उपरोक्त सभी

236) निम्नलिखित में से कौन सा/से कथन असत्य है/हैं?

ए] हवा गैर-संपीड़ित है

बी] पारंपरिक प्रणालियों की तुलना में द्रव विद्युत प्रणालियों में कम शक्ति विकसित होती है

ग] लोड हैंडलिंग उद्देश्यों के लिए उपयोग किए जाने वाले यांत्रिक लिंकेज में उच्च दक्षता होती है

डी] उपरोक्तसभी

237) हाइड्रोलिक प्रणाली है

ए] वायवीय प्रणाली से कम सटीक

बी] वायवीयप्रणालीसेअधिकसटीक

ग] दोनों हाइड्रोलिक और न्यूमेटिक सिस्टम परिशुद्धता के आधार पर समान हैं

डी] उपरोक्त में से कोई नहीं

238) हाइड्रोस्टेटिक सिस्टम में शक्ति संचारित करने के लिए किस ऊर्जा का उपयोग किया जाता है?

ए] दबावऊर्जा

बी] गतिज ऊर्जा

सी] संभावित ऊर्जा

D। उपरोक्त सभी

239) कौन सी प्रणाली शक्ति संचारित करने के लिए गतिज ऊर्जा का उपयोग करती है?

ए] हाइड्रोस्टेटिक सिस्टम

बी] हाइड्रोडायनामिकसिस्टम

सी] वायवीय प्रणाली

डी] उपरोक्त में से कोई नहीं

240) यदि पिस्टन रॉड से कोई भार नहीं जुड़ा है, तो पिस्टन असेंबली की गति संभव है जब

ए] तेल अपने स्वयं के वजन पर काबू पाता है

बी] तेल पिस्टन रॉड असेंबली में घर्षण पर काबू पाता है

सी] दोनोंए] औरबी]

डी] उपरोक्त में से कोई नहीं

241) हाइड्रोलिक सिस्टम में पिस्टन रॉड की उच्च गति प्राप्त करने में कौन सा कारक मदद करता है?

ए] घर्षण में कमी

बी] पंप क्षमता

ग] प्रवाह दर में वृद्धि

डी] उपरोक्तसभी

242) हाइड्रोलिक सिस्टम में किसी भी ऑपरेशन के दौरान, तेल किस रास्ते को पसंद करता है?

ए] कमसेकमप्रतिरोध

बी] अधिकतम प्रतिरोध

सी] दोनों ए] और बी]

डी] उपरोक्त में से कोई नहीं

243) हाइड्रोलिक सर्किट में एक पंप दो आउटलेट पथों के साथ प्रदान किया जाता है, एक जहां लोड जुड़ा होता है और दूसरा जलाशय से होता है] तेल पहले किस रास्ते का चयन करेगा?

ए] तेल उस पथ पर बहेगा जहां भार जुड़ा हुआ है

बी] तेलपहलेजलाशयमेंवापसप्रवाहितहोगा

c] दोनों रास्तों से एक साथ तेल बहेगा

डी] उपरोक्त में से कोई नहीं

244) हाइड्रोलिक पावर यूनिट में निम्नलिखित में से किसका उपयोग सहायक के रूप में किया जाता है?

ए] पंप

बी] वाल्व

सी] मोटर

डी] जलाशय

245) जमीन की सतह से इमारत के शीर्ष तक पानी उठाने के लिए किस प्रकार के पंप का उपयोग किया जाता है?

ए] केन्द्रापसारक पम्प

बी] टरबाइन पंप

सी] पनडुब्बी पंप

डी] उपरोक्तसभी

246) हाइड्रोलिक अनुप्रयोगों में उपयोग किए जाने वाले पंप हैं

ए] सकारात्मक विस्थापन पंप

बी] परिवर्तनीय विस्थापन पंप

सी] निश्चित विस्थापन पंप

डी] उपरोक्तसभी

247) एक सकारात्मक विस्थापन पंप क्या है?

ए] पंप के चूषण पक्ष से तेल पूरी तरह से वितरण पक्ष में बहता है

बी] डिस्चार्ज किए गए द्रव की मात्रा पंप के सक्शन साइड में वापस नहीं आ सकती है

ग] हर चक्र में द्रव की निश्चित मात्रा का निर्वहन करता है

डी] <u>उपरोक्तसभी</u>

248) एक सकारात्मक विस्थापन पंप का संचालन करते समय,

ए] शट-ऑफ वाल्व डिलीवरी साइड पर बंद होना चाहिए

बी] शट-ऑफ वाल्व को सक्शन साइड पर बंद किया जाना चाहिए

ग] <u>शट-ऑफवाल्वकोडिलीवरीसाइडपरखोलाजानाचाहिए</u>

डी] उपरोक्त में से कोई नहीं

249) रेडियल पिस्टन पंप के लिए इनपुट पावर पर कार्य दबाव का क्या प्रभाव पड़ता है?

ए] जैसे-जैसे काम का दबाव बढ़ता है इनपुट पावर कम होती जाती है

बी] <u>जैसे-जैसेकामकादबावबढ़ताहैइनपुटपावरबढ़तीहै</u>

ग] विभिन्न इनपुट शक्तियों के लिए दबाव स्थिर रहता है

डी] उपरोक्त में से कोई नहीं

250) रेडियल पिस्टन पंप हो सकते हैं,

ए] सिलेंडर ब्लॉक घूर्णन और कैम स्थिर

बी] सिलेंडर ब्लॉक स्थिर और कैम घूर्णन

सी] <u>दोनोंए] औरबी]</u>

डी] उपरोक्त में से कोई नहीं

251) हाइड्रोलिक सिलेंडरों को कुशन क्यों किया जाता है?

ए] कुशनिंग सिलेंडर के पिस्टन को कम कर देता है

बी] तनाव और कंपन को कम किया जा सकता है

सी] <u>दोनोंए] औरबी]</u>

डी] उपरोक्त में से कोई नहीं

252) निम्नलिखित में से कौन सा कथन सत्य है?

ए] टाई-रॉड सिलेंडर का उपयोग 70 बार के कामकाजी दबाव वाले अनुप्रयोगों में किया जाता है

बी] 70 बार से अधिक काम करने वाले दबाव वाले सिस्टम में वेल्डेड प्रकार के सिलेंडर का उपयोग किया जाता है

ग] टाई-रॉड सिलेंडरों का उपयोग उन प्रणालियों में किया जा सकता है जिनमें काम का दबाव 70 बार से अधिक होता है

डी] <u>उपरोक्तसभी</u>

253) हाइड्रोलिक सिलेंडर इनमें से कौन सी क्रिया करता है?

ए] धक्का

बी] उठाना

सी] <u>दोनोंए] औरबी]</u>

डी] उपरोक्त में से कोई नहीं

254) वेल्डेड प्रकार के हाइड्रोलिक सिलेंडर में रिसाव को किसके द्वारा रोका जाता है?

ए] ग्रंथि कवर में वाइपर

बी] अंत कवर में रॉड सील

ग] ग्रंथिकवरमेंरॉडसील

डी] उपरोक्त में से कोई नहीं

255) एकल अभिनय हाइड्रोलिक सिलेंडर में पिस्टन अपनी मूल स्थिति में वापस आ जाता है

ए] वसंत बल

बी] आत्म-वजन

ग) चक्का की गति

डी] उपरोक्तसभी

256) चेक वाल्व एक प्रकार का होता है

ए] दबाव कम करने वाला वाल्व

बी] दबाव राहत वाल्व

ग] दिशात्मकनियंत्रणवाल्व

डी] उपरोक्त में से कोई नहीं

257) एक दबाव राहत वाल्व हो सकता है

ए] प्रत्यक्ष संचालित

बी] पायलट संचालित

सी] सोलनॉइड संचालित

डी] उपरोक्तसभी

258) पायलट संचालित चेक वाल्व में रिवर्स फ्लो कैसे संभव है?

a] स्प्रिंग बल गेंद को ऊपर उठाता है जिसके कारण रिवर्स फ्लो संभव है

b] द्रवकादबावगेंदकोऊपरउठाताहैजिसकेकारणरिवर्सफ्लोसंभवहै

सी] दोनों ए] और बी]

डी] उपरोक्त में से कोई नहीं

259) दबाव राहत वाल्व और दबाव कम करने वाले वाल्व में क्या अंतर है?

ए] दबाव कम करने वाला वाल्व पंप और टैंक लाइन के बीच जुड़ा हुआ है जबकि दबाव राहत वाल्व डीसीवी और शाखा सर्किट के बीच जुड़ा हुआ है

बी] दबाव राहत वाल्व हमेशा सामान्य रूप से खोला जाता है

सी] दबावकमकरनेवालावाल्वडीसीवीऔरशाखासर्किटकेबीचजुड़ा हुआहैजबकिदबावराहतवाल्वपंपऔरटैंककेबीचजुड़ाहुआहै

डी] उपरोक्त में से कोई नहीं

260) गैस आवेशित संचायक में प्रयुक्त संचायक है

ए] हाइड्रोलिक

बी] वायवीय

ग] जलवायवीय

डी] उपरोक्त में से कोई नहीं

261) दबाव स्विच का कार्य क्या है?

ए] मोटर शुरू करने के लिए दबाव स्विच का उपयोग किया जाता है

बी] मोटर को रोकने के लिए दबाव स्विच का उपयोग किया जाता है

ग] दबाव स्विच का उपयोग सोलेनोइड को डी-एनर्जेट करने के लिए किया जाता है

डी] उपरोक्तसभी

262) न्यूमेटिक सिस्टम में इस्तेमाल होने वाले इंटेन्सिफायर में आउटपुट प्रेशर होता है

ए] इनपुट दबाव से कम

बी] इनपुटदबावसेअधिक

सी] इनपुट दबाव के समान

डी] उपरोक्त में से कोई नहीं

263) राहत वाल्व को उतारने का कार्य क्या है और क्या इसे संचायक के लिए एक सहायक के रूप में इस्तेमाल किया जा सकता है?

ए] अनलोडिंगरिलीफवाल्वकाउपयोगपंपद्वारासंचायककोचार्जकरने केलिएकियाजाताहैजबसंचायककादबावनिर्धारितमूल्यसेकमहो जाताहैऔरइसेएकसहायककेरूपमेंइस्तेमालकियाजासकताहै]

बी] अनलोडिंग रिलीफ वाल्व का उपयोग पंप द्वारा संचायक को चार्ज करने के लिए किया जाता है जब संचायक का दबाव निर्धारित मूल्य से कम हो जाता है लेकिन इसका उपयोग सहायक के रूप में नहीं किया जाता है

सी] अनलोडिंग रिलीफ वाल्व का उपयोग पंप द्वारा संचायक को चार्ज करने के लिए किया जाता है, जब संचायक का दबाव निर्धारित मूल्य से अधिक हो जाता है, लेकिन एक सहायक के रूप में उपयोग नहीं किया जाता है

डी] अनलोडिंग रिलीफ वाल्व का उपयोग पंप द्वारा संचायक को चार्ज करने के लिए किया जाता है जब संचायक का दबाव निर्धारित मूल्य से अधिक हो जाता है और एक सहायक के रूप में उपयोग किया जाता है

264) सिलेंडर का बोर क्षेत्र 300 सेमी 2 और वेग 180 सेमी/मिनट है] एक पंप की प्रवाह दर की गणना करें

ए] 55 एल/मिनट

बी] 50 एल/मिनट

ग] 54 लीटर/मिनट

डी] उपरोक्त में से कोई नहीं

265) निम्नलिखित में से कौन सा कथन सत्य है, सर्किट में उपयोग किए जाने वाले दो पंपों के लिए जब शुरू में एक नौकरी तक पहुंचने के लिए तेजी से संचालन किया जाता है और धीमी गति से फीडिंग ऑपरेशन किया जाता है?

ए] शुरूमेंनौकरीतकपहुंचनेकेलिए, एकउपकरणकोउच्चनिर्वहनऔरकमदबावकेपंपसेजोड़ाजानाचाहिए

बी] शुरू में नौकरी तक पहुंचने के लिए, एक उपकरण को कम निर्वहन और उच्च दबाव के पंप से जोड़ा जाना चाहिए

ग] फीडिंग ऑपरेशन के लिए लो डिस्चार्ज लो प्रेशर पंप की आवश्यकता होती है

डी] उपरोक्त में से कोई नहीं

266) पीएलसी द्वारा किए जाने वाले विभिन्न ऑपरेशन क्या हैं?

ए] बूलियन तर्क

बी] समय

ग] अंकगणित

डी] उपरोक्तसभी

267) निम्नलिखित में से कौन सा पंप अधिक बिजली बचाता है?

ए] सिंगल पंप

बी] डबलपंप

सी] सिंगल और डबल पंप समान मात्रा में बिजली का उपयोग करते हैं

डी] उपरोक्त में से कोई नहीं

268) पीएलसी का क्या फायदा है?

ए] त्रुटियों को खोजने में आसान

बी] प्रतिस्थापन आसानी से किया जा सकता है

सी] पीएलसीआसानीसेप्रोग्रामकियाजाताहै

D। उपरोक्त सभी

269) वायु के एकांक आयतन में जलवाष्प का द्रव्यमान कहलाता है

ए] सापेक्ष आर्द्रता

बी] पूर्णआर्द्रता

सी] संतृप्ति मात्रा

डी] उपरोक्त में से कोई नहीं

270) किस वाल्व को मेमोरी वाल्व के रूप में भी जाना जाता है?

ए] सिंगल पायलट सिग्नल वाल्व

बी] डबलपायलटसिग्नलवाल्व

ग] रोलर लीवर वाल्व

डी] तर्क वाल्व

271) सिग्नल एयर और कंट्रोल एयर में क्या अंतर है?

ए] सिग्नलएयरअंतिमनियंत्रणवाल्वकोसक्रियकरताहैऔरपिस्टनरॉड केआगेऔरपीछेकीगतिकेलिएअंतिमनियंत्रणवाल्वकेमाध्यम सेसिलेंडरमेंवायुप्रवाहकोनियंत्रितकरताहै

बी] नियंत्रण वायु अंतिम नियंत्रण वाल्व को सक्रिय करता है और पिस्टन रॉड के आगे और पीछे की गति के लिए अंतिम नियंत्रण वाल्व के माध्यम से सिलेंडर में हवा का प्रवाह होता है

सी] दोनों ए] और बी]

डी] उपरोक्त में से कोई नहीं

272) पिस्टन रॉड की प्रारंभिक और अंतिम स्थिति को समझने के लिए निम्नलिखित में से किसका उपयोग किया जाता है?

ए] लीवर संचालित दिशा नियंत्रण वाल्व

बी] सीमा स्विच

ग] रोलर लीवर वाल्व

डी] उपरोक्तसभी

273) कौन सा वाल्व केवल एक दिशा में सक्रिय होता है जो पिस्टन रॉड के आगे या पीछे की गति है?

ए] रोलर लीवर वाल्व

बी] निष्क्रियरोलरलीवरवाल्व

सी] दोनों ए] और बी]

डी] उपरोक्त में से कोई नहीं

274) पिस्टन रॉड के पीछे हटने को दर्शाने के लिए किन नंबरों का उपयोग किया जाता है?

ए] सम संख्याएं

बी] विषमसंख्या

c] सम और विषम दोनों संख्याएं

डी] उपरोक्त में से कोई नहीं

275) निम्नलिखित में से कौन समय विलंब वाल्व का एक तत्व है?

ए] प्रवाह नियंत्रण वाल्व

बी] दिशा नियंत्रण वाल्व

c] दोनों a] और b] d] उपरोक्तमेंसेकोईनहीं

डी] उपरोक्त में से कोई नहीं

276) हाइड्रोलिक सिलेंडर में निम्नलिखित में से कौन सा कुशनिंग का एक प्रकार है?

ए] ट्रूनियन कुशनिंग

बी] समायोज्यकुशनिंग

ग] कुंडा कुशनिंग

डी] उपरोक्त में से कोई नहीं

277) प्रॉक्सिमिटी स्विच को लिमिट स्विच से कैसे अलग किया जाता है?

ए] निकटता स्विच सक्रिय होता है जब चलती भागों के साथ शारीरिक संपर्क होता है

बी] गैर-चलती भागों में भौतिक संपर्क होने पर निकटता स्विच सक्रिय होता है

ग] प्रॉक्सिमिटीस्विचतबसक्रियहोताहैजबमूविंगपार्ट्सइसकेकरीबहोतेहैं

डी] उपरोक्त में से कोई नहीं

278) निम्नलिखित में से कौन सा कथन सत्य है?

ए] विद्युत चुम्बकीय रिले में अधिक लागत पर उच्च विश्वसनीयता है

बी] इलेक्ट्रोमैग्नेटिकरिलेहाईवोल्टेजऔरकरंटसर्किटमेंओपनयाक्लोज कॉन्टैक्टरखनेकेलिएलोकरंटऔरवोल्टेजकाइस्तेमालकरतेहैं

ग] वायु दाब दाब में प्रवाहित होता है विद्युत कनवर्टर एक संपर्क खोलता है जो विद्युत संपर्क के प्रवाह के लिए एक सर्किट को सक्रिय करता है

D। उपरोक्त सभी

279) ओपन या क्लोज कॉन्टैक्ट बनाने के लिए किस सर्किट में लो वोल्टेज और लो करंट के रिले का इस्तेमाल किया जाता है?

ए] उच्चवोल्टेजऔरउच्चवर्तमानसर्किट

बी] कम वोल्टेज और कम वर्तमान सर्किट

सी] उच्च वोल्टेज और कम वर्तमान सर्किट

डी] कम वोल्टेज और कम वर्तमान सर्किट

280) विद्युत-वायवीय परिपथों में,

ए] स्पूल सिग्नल एयर द्वारा स्थानांतरित किया जाता है

बी] स्पूल को नियंत्रण वायु द्वारा स्थानांतरित किया जाता है

c] स्पूलइलेक्ट्रोमोटिवबलद्वारास्थानांतरितकियाजाताहै

D। उपरोक्त सभी

281) इलेक्ट्रोमैकेनिकल रिले सॉलिड स्टेट रिले की तुलना में अधिक लोकप्रिय क्यों हैं?

ए] वे विश्वसनीय हैं

बी] कम खर्चीला

सी] दोनोंए] औरबी]

डी] उपरोक्त में से कोई नहीं

282) लोड कम होने पर किस कंट्रोल वाल्व में ऊर्जा की खपत कम हो जाती है?

ए] पारंपरिक दिशा नियंत्रण वाल्व

बी] आनुपातिकदिशानियंत्रणवाल्व

सी] दोनों ए] और बी]

डी] उपरोक्त में से कोई नहीं

283) निम्नलिखित में से कौन सर्वो वाल्व की विशेषता है?

ए] ओपन लूप सिस्टम

बी] बंदलूपसिस्टम

ग] कम संदूषण

D। उपरोक्त सभी

284) पीएलसी क्या है?

ए] प्रक्रिया तर्क नियंत्रण

बी] प्रोग्राम करने योग्य भाषा कनवर्टर

सी] प्रोग्रामकरनेयोग्यतर्कनियंत्रण

डी] प्रोग्राम करने योग्य तर्क कनवर्टर

285) एसी सोलनॉइड कॉइल के जलने का क्या कारण है?

ए] वर्तमान धारण

b] रशकरंटमें

सी] वर्तमान क्लैंप

D। उपरोक्त सभी

286) जब बिजली के कनेक्शन के बजाय पीएलसी कनेक्शन का उपयोग किया जाता है, तो किए जाने वाले संचालन के क्रम को आपस में बदला जा सकता है

ए] हार्डवेयर्ड कनेक्शन बदलना

b] कार्यक्रमकाक्रमबदलना

सी] दोनों ए] और बी]

डी] उपरोक्त में से कोई नहीं

287) हाइड्रोलिक सिस्टम में उत्पन्न ऊष्मा को किसके द्वारा अवशोषित किया जा सकता है?

ए] स्नेहन

बी] कूलिंग

सी] सीलिंग

D। उपरोक्त सभी

288) निम्नलिखित में से किस उद्देश्य के लिए हाइड्रोलिक फिल्म मशीनी गुहा और स्पूल के बीच एक सील के रूप में कार्य करती है?

ए] रिसावकोकमकरनेकेलिए

बी] शीतलन उद्देश्यों के लिए

ग] स्नेहन प्रयोजनों के लिए

D। उपरोक्त सभी

289) एक पात्र में द्रव पर लगाया जाने वाला दाब सभी दिशाओं में समान रूप से वितरित होता है और किसके साथ कार्य करता है?

a] समान क्षेत्रफल पर समान्तर समान बल

b] विभिन्न क्षेत्रों और समकोणों पर समान बल

c] समानक्षेत्रफलोंऔरसमकोणोंपरसमानबल

डी] उपरोक्त में से कोई नहीं

290) कौन सा कानून दबाव में हाइड्रोलिक तरल पदार्थ के व्यवहार की व्याख्या करता है?

a] चार्ल्स का नियम

b] न्यूटन का नियम

c] पास्कलकानियम

डी] उपरोक्त में से कोई नहीं

291) एक पाइप में तेल का प्रवाह किसके कारण होता है?

ए] संतुलित बल

बी] असंतुलितबल

c] संतुलित और असंतुलित दोनों बल

डी] उपरोक्त में से कोई नहीं

292) पाइपों में दबाव गिरना, किसके कारण होता है?

ए] घर्षणप्रतिरोध

बी] लोड

सी] प्रवाह पैटर्न

डी] उपरोक्त में से कोई नहीं

293) एक सीधे पाइप में लामिना के प्रवाह की विशेषता कैसे होती है?

ए] उच्च कतरनी तनाव का प्रवाह

बी] उच्च वेग का प्रवाह

ग] कमवेगकाप्रवाह

डी] उपरोक्त में से कोई नहीं

294) हाइड्रोलिक सिस्टम में उपयोग किए जाने वाले सकारात्मक विस्थापन पंप में होता है

ए] तरलपदार्थोंकीउच्चचिपचिपाहट

बी] कम दक्षता

ग) द्रव की आवश्यक मात्रा का निर्वहन नहीं किया जा सकता है

D। उपरोक्त सभी

295) इलेक्ट्रिक मोटर की गति 1200 आरपीएम है और पंप की आउटपुट दर 6 सीसी/रेव है] एल/मिनट में पंप की प्रवाह दर की गणना करें

ए] 6 एल/मिनट

ख] 7]2 लीटर/मिनट

ग] 5 लीटर/मिनट

डी] उपरोक्त में से कोई नहीं

296) पंप द्वारा अवशोषित शक्ति की गणना करें, यदि इसकी प्रवाह दर 20 सीसी/रेव है और 70 बार का अधिकतम दबाव विकसित करता है, जब इलेक्ट्रिक मोटर 1200 आरपीएम की गति से चलती है]

ए] 1]9 किलोवाट

बी] 2]8 किलोवाट

ग] 2]3 किलोवाट

डी] उपरोक्त में से कोई नहीं

297) वॉल्यूमेट्रिक दक्षता का अनुपात है

a] सैद्धांतिक प्रवाह दर से वास्तविक प्रवाह दर

बी] सैद्धांतिकप्रवाहदरकेलिएवास्तविकप्रवाहदर

सी] इनपुट पावर पंप करने के लिए वास्तविक द्रव शक्ति

डी] उपरोक्त में से कोई नहीं

298) निम्नलिखित में से कौन एक हाइड्रोडायनामिक पंप है?

ए] वैन पंप

बी] केन्द्रापसारकपम्प

सी] गियर पंप

डी] पिस्टन पंप

299) हाइड्रोलिक सिलेंडर को कुशन करने पर पिस्टन रॉड की गति में कमी का क्या कारण है?

ए] छोटी जगह के माध्यम से तेल प्रवाह

बी] सिस्टम में बनाया गया बैक प्रेशर

सी] दोनोंए] औरबी

डी] उपरोक्त में से कोई नहीं

300) निम्नलिखित में से कौन आवेदन पर आधारित हाइड्रोलिक सिलेंडर है?

ए] वेल्डेड

बी] बोल्ट

सी] राम

D। उपरोक्त सभी

301) क्या होता है जब एकल अभिनय सिलेंडर को तेल की आपूर्ति बंद कर दी जाती है?

ए] सिस्टम पर कोई दबाव नहीं डाला जाता है

बी] पिस्टन पर अधिक दबाव डाला जाता है

ग] पिस्टनपरकमदबावडालाजाताहै

डी] उपरोक्त में से कोई नहीं

302) स्प्रिंग टाइप सिंगल एक्टिंग सिलेंडर में स्प्रिंग का विस्तार और सिलेंडर का प्रत्यावर्तन कब होता है?

ए] तेलकादबाववसंतसंपीड़नदबावसेकमहै

बी] तेल का दबाव वसंत संपीड़न दबाव से अधिक है

ग] तेल का दबाव डाला जाता है और वसंत संपीड़न दबाव समान होता है

डी] उपरोक्त में से कोई नहीं

303) टेलिस्कोपिक सिलेंडर में, जैसे-जैसे चरणों की संख्या बढ़ती है

a] पिस्टन रॉड का व्यास भी बढ़ता है

b] पिस्टनरॉडकाव्यासघटताहै

c] पिस्टन रॉड का व्यास समान रहता है

डी] उपरोक्त में से कोई नहीं

304) ब्लीड ऑफ सर्किट का उपयोग क्यों किया जाता है?

ए] हाइड्रोलिक सिलेंडर में द्रव के प्रवाह को प्रतिबंधित करने के लिए ब्लीड ऑफ सर्किट का उपयोग किया जाता है

बी] हाइड्रोलिक सिलेंडर से तरल पदार्थ के प्रवाह को प्रतिबंधित करने के लिए ब्लीड ऑफ सर्किट का उपयोग किया जाता है

ग] एक्चुएटरकीगतिकोकमकरनेकेलिएब्लीडऑफसर्किटकाउपयोगकियाजाताहै

D। उपरोक्त सभी

305) ब्लीड ऑफ सर्किट के लिए निम्न में से क्या लागू होता है?

ए] ब्लीड ऑफ सर्किट सिस्टम में गर्मी विकसित करते हैं

बी] ब्लीडऑफसर्किटकाउपयोगप्रतिरोधकभारकेलिएकियाजाताहै

ग] ब्लीड ऑफ सर्किट का उपयोग भगोड़ा भार के लिए किया जाता है

D। उपरोक्त सभी

306) हाइड्रोलिक सर्किट में प्रयुक्त अनुक्रम वाल्व का कार्य क्या है?

ए] अनुक्रमवाल्वकाउपयोगसेटदबावतकपहुंचनेकेबादएककेबाद एककईऑपरेशनकरनेकेलिएकियाजाताहै

बी] अनुक्रम वाल्व का उपयोग सेट दबाव तक पहुंचने से पहले लगातार कई संचालन करने के लिए किया जाता है

सी] अनुक्रम वाल्व सेट दबाव तेल तक पहुंचने के बाद टैंक में प्रवाहित किया जाता है

D। उपरोक्त सभी

307) दाब कम करने वाले वाल्व का उपयोग कब किया जाता है?

a] इसका उपयोग तब किया जाता है जब सिस्टम के दबाव से अधिक दबाव की आवश्यकता होती है

बी] इसकाउपयोगतबकियाजाताहैजबसिस्टमकेदबावसेकमदबावकीआवश्यकताहोतीहै

ग] जब बिल्कुल शून्य दबाव की आवश्यकता होती है

D। उपरोक्त सभी

308) परिनालिका में प्रबल चुंबकीय क्षेत्र कैसे प्राप्त किया जाता है?

ए] एक सोलनॉइड में मजबूत चुंबकीय क्षेत्र प्राप्त होता है, अगर कुंडल कंडक्टर के रूप में कार्य करता है

बी] कुंडल लोहे के फ्रेम से घिरा हुआ है

c] लोहे की कोर को कुंडल के केंद्र में रखा गया है

डी] उपरोक्तसभी

309) न्यूमेटिक सिस्टम में सोलनॉइड की डीसी रेंज क्या है?

ए] 12 वीऔर 24 वी

बी] 110 वी और 220 वी

सी] दोनों ए] और बी]

डी] उपरोक्त में से कोई नहीं

310) लैडर डायग्राम पर आउटपुट डिवाइस का उपयोग निम्न में से किसमें किया जाता है?

ए] निकटता सेंसर

बी] डिटेंट स्विच

सी] रिले

D। उपरोक्त सभी

311) सीढ़ी आरेख पर आउटपुट डिवाइस द्वारा दर्शाया गया है

एक वर्ग

बी] सर्कल

ग] आयत

डी] अर्धवृत्त

312) निमोनिक्स निर्देशों में, I LDI में क्या दर्शाता है?

a] स्विच सामान्य रूप से खुला रहता है

बी] स्विचसामान्यरूपसेबंदहै

ग] यह दूसरे स्विच के संचालन को इंगित करता है

डी] उपरोक्त में से कोई नहीं

313) औद्योगिक अनुप्रयोगों में हाइड्रोलिक तरल पदार्थ में चिपचिपापन ग्रेड होता है:
ए] 20 से 50
बी] 70 से 95
ग] 46 से 68
घ] 15 से 44
314) उच्च चिपचिपापन तरल पदार्थ है
ए] कम दबाव ड्रॉप
बी] कम बिजली की खपत
ग] धीमीगतिसेसंचालन
D। उपरोक्त सभी
315) चिपचिपापन सूचकांक क्या है?
ए] चिपचिपाहट में परिवर्तन पर दबाव का प्रभाव
बी] चिपचिपाहटमेंपरिवर्तनपरतापमानकाप्रभाव
ग] दो सतहों के बीच प्रतिरोध का प्रभाव
डी] उपरोक्त में से कोई नहीं
316) पानी में मिलाने पर कौन सा गुण द्रव के व्यवहार को तय करता है?
ए] बिंदु डालना
बी] विमुद्रीकरण
ग] चिपचिपापन
डी] ऑक्सीकरण
317) हाइड्रोलिक सिस्टम में किसी भी ऑपरेशन के लिए द्रव में डालना बिंदु होना चाहिए
a] 20 0F न्यूनतम तापमान से नीचे
बी] 20 0F न्यूनतमतापमानसेऊपर
ग] 20 0C न्यूनतम तापमान से नीचे
d] 20 0C न्यूनतम तापमान से ऊपर
318) पेट्रोलियम आधारित तरल पदार्थों के क्या नुकसान हैं?
ए] कमफ्लैशप्वाइंट
बी] कम घनत्व
सी] हल्के वजन
D। उपरोक्त सभी
319) तेल की मात्रा की तुलना में उच्च जल द्रव (एचएफए) में पानी की मात्रा कैसी है?
a) पानीसेअधिकतेल
b) तेल और पानी समान अनुपात में हैं
ग) तेल से अधिक पानी

d] केवल पानी होता है

320) हाइड्रोलिक सिस्टम में इस्तेमाल होने वाले तरल पदार्थ में होना चाहिए

ए] कम ऑक्सीकरण प्रतिरोध

बी] उच्च ऑक्सीकरण प्रतिरोध

सी] उच्चऑक्सीकरणबढ़ानेकीक्षमता

डी] उपरोक्त में से कोई नहीं

321) हाइड्रोलिक सिस्टम में प्रयुक्त पेट्रोलियम तेल किस दबाव में 1/2% तक संकुचित हो जाता है?

ए] 70 बार

बी] 40 बार

ग] 30 बार

डी] 95 बार

322) पानी के ग्लाइकोल के लिए तापमान और विशिष्ट वजन के बीच क्या संबंध है?

a] जैसे-जैसेतापमानबढ़ताहै, विशिष्टभारघटताजाताहै

बी] जैसे-जैसे तापमान बढ़ता है विशिष्ट वजन बढ़ता है

सी] तापमान और विशिष्ट वजन रैखिक रूप से भिन्न होते हैं

डी] उपरोक्त में से कोई नहीं

323) हाइड्रोलिक तेल के लिए तापमान और चिपचिपाहट के बीच क्या संबंध है?

ए] तापमानऔरचिपचिपाहटरैखिकरूपसेभिन्नहोतीहै

b] जैसे-जैसे तापमान घटता है, वायुमंडलीय दबाव पर चिपचिपाहट कम होती जाती है

c] जैसे-जैसे तापमान बढ़ता है, वायुमंडलीय दबाव पर चिपचिपाहट कम होती जाती है

डी] उपरोक्त में से कोई नहीं

324) उच्च जल तरल पदार्थ होते हैं

ए] पानीमेंतेल

बी] तेल में पानी

सी] केवल पानी

डी] उपरोक्त में से कोई नहीं

325) उच्च जल द्रव की श्यानता है

ए] पानीसेबड़ा

बी] पानी से कम

सी] पास का पानी

डी] उपरोक्त में से कोई नहीं

326) पानी में एक योजक जोड़ने से ग्लाइकोल तरल पदार्थ में सुधार होता है

ए] ज्वलनशीलता

बी] चिपचिपापन

सी] ऑक्सीकरण

D। उपरोक्त सभी

327) अशांत प्रवाह की विशेषता क्या है?

ए] उच्च वेग

b) कणोंकेप्रवाहऔरगतिकीदिशासमानहोतीहै

सी] क्रॉस सेक्शन में परिवर्तन प्रवाह को प्रभावित नहीं करता है

D। उपरोक्त सभी

328) पाइप के क्रॉस सेक्शन को बदलने पर कौन सा प्रवाह पैटर्न प्रभावित होता है?

ए] लामिनाकाप्रवाह

बी] अशांत प्रवाह

ग] लामिना और अशांत

डी] उपरोक्त में से कोई नहीं

329) एक्चुएटर की गति किसके द्वारा प्रभावित होती है?

ए] छिद्र का क्रॉस-सेक्शन क्षेत्र

बी] प्रवाह का वेग

सी] पाइपव्यास

D। उपरोक्त सभी

330) इनमें से किस अनुप्रयोग में बर्नौली के सिद्धांत का व्यापक रूप से उपयोग किया जाता है?

ए] ब्लोअर का डिजाइन

बी] विमानकेपंखोंकाडिजाइन

ग] प्रोपेलर का डिजाइन

D। उपरोक्त सभी

331) एक प्रणाली में हाइड्रोलिक तेल द्वारा विकसित कुल ऊर्जा इस प्रकार दी गई है:

a] कुल ऊर्जा = (संभावित ऊर्जा + दबाव ऊर्जा)

b] कुल ऊर्जा = (स्थितिज ऊर्जा + गतिज ऊर्जा)

c] कुल ऊर्जा = (संभावित ऊर्जा - गतिज ऊर्जा)

डी] उपरोक्तमेंसेकोईनहीं

332) यदि कोई पंप वाल्व को उच्च प्रवाह दर देता है, तो वाल्व में दबाव गिर जाता है

ए] बढ़ता है

बी] घटताहै

सी] वही रहता है

डी] उपरोक्त में से कोई नहीं

333) रेनॉल्ड्स संख्या (?vd) / µ में, अक्षर µ दर्शाता है
ए] गतिज चिपचिपाहट
बी] <u>पूर्णचिपचिपाहट</u>
ग] घर्षण का गुणांक
डी] उपरोक्त में से कोई नहीं
334) जड़त्व बल और श्यानता के अनुपात को के रूप में जाना जाता है
ए] बायो नंबर
बी] <u>रेनॉल्डनंबर</u>
ग] कौची संख्या
डी] यूलर संख्या
335) लामिना प्रवाह के लिए रेनॉल्ड्स संख्या है
ए] 2800 . से अधिक
बी] <u>2000 सेअधिक</u>
सी] 2000 . से कम
घ] 2000 और 2800 के बीच]
336) एक पाइप का व्यास 0] 2 मीटर है जिसमें एक द्रव 0 के वेग से बहता है] 3 एम 3/ सेकेंड] निर्धारित करें कि प्रवाह लामिना है या रेनॉल्ड्स संख्या की गणना अशांत है] गतिज चिपचिपाहट = 0] 5 × 10 -4 एम 2 / एस]
ए] रेनॉल्ड्स संख्या 1200 . वाला प्रवाह लामिना है
बी] रेनॉल्ड्स संख्या 2100 . के साथ प्रवाह अशांत है
सी] <u>रेनॉल्ड्ससंख्या 2200 . वालाप्रवाहलामिनाहै</u>
d] प्रवाह न तो लामिना है और न ही अशांत
337) आंतरिक गियर पंप का क्या लाभ है?
ए] <u>मध्यमगति</u>
बी] मध्यम दबाव
सी] उच्च चिपचिपापन तरल पदार्थ इस्तेमाल किया जा सकता है
D। उपरोक्त सभी
338) किस आंतरिक तत्व के घूमने से द्रव अपकेंद्री पम्पों में पंप हो जाता है?
ए] आंतरिक गियर
बी] प्ररित करनेवाला का रोटेशन
सी] <u>सिलेंडररोटर</u>
डी] उपरोक्त में से कोई नहीं
339) किस बल के कारण वेन्स रोटर स्लॉट्स से बाहर निकलते हैं?
ए] अभिकेन्द्र बल

बी] केन्द्रापसारकबल

ग] घर्षण बल

डी] उपरोक्त में से कोई नहीं

340) निम्नलिखित में से कौन सा कथन सत्य है?

ए] रोटर के साथ स्टेटर के संयोजन को कार्ट्रिज यूनिट के रूप में जाना जाता है

बी] वेन्सकेसाथस्टेटरकेसंयोजनकोकार्ट्रिजयूनिटकेरूपमेंजानाजाताहै

ग] रोटर और वैन के संयोजन को कार्ट्रिज इकाई के रूप में जाना जाता है

डी] उपरोक्त में से कोई नहीं

341) लचीले फलक पंप का क्या लाभ है?

ए] वे बड़े आकार के ठोस पदार्थों को संभाल सकते हैं

बी] वे अच्छा वैक्यूम बना सकते हैं

सी] दोनोंए] औरबी]

डी] उपरोक्त में से कोई नहीं

342) कार्ट्रिज किट विभिन्न आकारों के पंपिंग कक्ष उत्पन्न करते हैं, जो

ए] प्रवाह दर में वृद्धि

बी] प्रवाहदरमेंकमी

ग] प्रवाह दर में वृद्धि और कमी

डी] उपरोक्त में से कोई नहीं

343) वेन पंपों के लिए निम्नलिखित में से कौन सा कथन असत्य है?

a] वेन टिप्स और कैम रिंग के बीच निरंतर संपर्क के कारण संपर्क सतहों में घिसाव होता है

बी] कारतूस किट के विभिन्न आकारों को एक ही वैन पंप में बदला जा सकता है

ग] असंतुलितबलोंकोकमकरनेकेलिएअण्डाकारकैमरिंगकोगोलकैमरिंगसेबदलदियाजाताहै

डी] उपरोक्त में से कोई नहीं

344) बैलेंस्ड वेन पंपों को के लिए डिज़ाइन किया गया है

ए] निश्चित विस्थापन

बी] परिवर्तनीय विस्थापन

ग] स्थिरऔरपरिवर्तनशीलदोनोंविस्थापन

डी] उपरोक्त में से कोई नहीं

345) असंतुलित फलक पंप का कैम रिंग है

ए] राउंड

बी] अण्डाकार

सी] दोनों ए] और बी]

डी] उपरोक्त में से कोई नहीं

346) गियर पंपों में किस प्रकार का विस्थापन देखा जाता है?

ए] केवल परिवर्तनीय विस्थापन

बी] केवल निश्चित विस्थापन

ग] स्थिरऔरपरिवर्तनशीलदोनोंविस्थापन

डी] उपरोक्त में से कोई नहीं

347) गियर पंपों में प्रयुक्त होने वाले ऑपरेशन का सिद्धांत क्या है?

a] दो गियर एक ही दिशा में घूमते हैं

बी] दोगियरविपरीतदिशामेंघूमतेहैं

सी] दोनों ए] और बी]

डी] उपरोक्त में से कोई नहीं

348) गियर पंप में द्रव के चूषण का क्या कारण है?

ए] जब चूषण की तरफ दांतों को हटाने के दौरान दबाव कम हो जाता है

बी] जबचूषणकीतरफदांतोंकोहटानेकेदौरानदबावबढ़जाताहै

ग] जब चूषण की तरफ दांतों के जुड़ाव के दौरान दबाव कम हो जाता है

घ] जब चूषण की तरफ दांतों को जोड़ने के दौरान दबाव बढ़ जाता है

349) गियर पंप में तरल पदार्थ का निर्बाध और निरंतर निर्वहन कैसे होता है?

ए] दांतोंकीबढ़तीसंख्या

बी] दांतों की घटती संख्या

ग] उपरोक्त में से कोई नहीं

डी] उपरोक्त सभी

350) आंतरिक गियर पंप में गियर का रोटेशन होता है

ए] एक ही दिशा

बी] अलग दिशा

ग] उपरोक्तमेंसेकोईनहीं

डी] उपरोक्त सभी

351) आंतरिक गियर पंप में द्रव कैसे बहता है?

ए] द्रवरोटरकेबीचचूषणपक्षमेंप्रवेशकरताहै, जोएकबड़ाबाहरीगियरहैऔरआइडलरजोएकछोटाआंतरिकगियरहै

बी] द्रव रोटर के बीच चूषण पक्ष में प्रवेश करता है, जो एक छोटा बाहरी गियर है और आइडलर जो एक बड़ा आंतरिक गियर है

ग] द्रव रोटर और आइडलर के बीच चूषण पक्ष में प्रवेश करता है जो अलग-अलग दिशाओं में घूमता है

डी] उपरोक्त में से कोई नहीं

352) आंतरिक गियर पंप में आंतरिक रिसाव का क्या कारण है?

a] मेशिंगसतहोंकेबीचकमसहनशीलताकास्तर

बी] मेशिंग सतहों के बीच अधिक सहिष्णुता स्तर

ग] मेशिंग सतहों के बीच कोई सहिष्णुता नहीं

डी] उपरोक्त में से कोई नहीं

353) एक गियर पंप के लिए दबाव और समग्र दक्षता के बीच क्या संबंध है?

ए] जैसे-जैसे दबाव बढ़ता है, समग्र दक्षता घट जाती है

बी] जैसे-जैसेदबावबढ़ताहै, समग्रदक्षताबढ़तीहै

ग] दबाव में परिवर्तन से समग्र दक्षता प्रभावित नहीं होती है

डी] नहीं कह सकता

354) मानक हाइड्रोलिक सिलेंडर और टेलीस्कोपिक सिलेंडर के लिए निम्नलिखित में से कौन सा कथन सही है?

ए] दूरबीनऔरमानकसिलेंडरसमानस्ट्रोकलंबाईदेतेहैं

बी] टेलीस्कोपिक सिलेंडर मानक सिलेंडर की तुलना में कम स्ट्रोक लंबाई देते हैं

ग] टेलीस्कोपिक सिलेंडर मानक सिलेंडर की तुलना में अधिक स्ट्रोक लंबाई देते हैं

डी] उपरोक्त में से कोई नहीं

355) टेलीस्कोपिक सिलिंडर में होता है

a] केवल दो चरण इकाइयाँ

बी] केवल तीन चरण इकाइयाँ

ग] दोयातीनचरणइकाइयाँ

डी] मल्टीस्टेज इकाइयां

356) किस प्रकार के हाइड्रोलिक सिलेंडर में एक पिस्टन पिस्टन रॉड से जुड़ा होता है जो सिलेंडर के दोनों तरफ फैला होता है?

ए] दूरबीन सिलेंडर

बी] अग्रानुक्रम सिलेंडर

सी] दोनों ए] और बी]

डी] उपरोक्तमेंसेकोईनहीं

357) हाइड्रोलिक सिलेंडर के काम करने का दबाव कौन सा कारक तय करता है?

ए] गोलाकार निकला हुआ किनारा का व्यास

बी] सिलेंडरकाबोरव्यास

ग] स्ट्रोक की लंबाई

D। उपरोक्त सभी

358) हाइड्रोलिक सिलेंडर में पिस्टन रॉड के व्यास का चयन करते समय किस कारक पर विचार किया जाता है?

ए] बोर व्यास

बी] स्ट्रोककीलंबाई

सी] लोड

D। उपरोक्त सभी

359) हाइड्रोलिक सिलेंडर के किस सिरे पर नर क्लेविस लगा होता है?

ए] कैप एंड

बी] रॉड एंड

सी] दोनों ए] और बी]

डी] उपरोक्तमेंसेकोईनहीं

360) हाइड्रोलिक सिलेंडरों में बढ़ते उद्देश्य के लिए निम्नलिखित में से किसका उपयोग किया जाता है?

ए] महिला clevis

बी] परिपत्र निकला हुआ किनारा

सी] ट्रूनियन

D। उपरोक्त सभी

361) जब सिलेंडर को अंतिम छोर पर कुशन किया जाता है तो कुशनिंग पिस्टन की गति को कैसे प्रभावित करती है?

a] कुशनिंग से सिलेंडर के अंतिम छोर के पास पिस्टन की गति कम हो जाती है

b] कुशनिंग से सिलेंडर के अंतिम छोर के पास पिस्टन की गति बढ़ जाती है

ग] कुशनिंग से सिलेंडर में स्ट्रोक की शुरुआत में पिस्टन की गति बढ़ जाती है

d] कुशनिंगसेसिलेंडरमेंस्ट्रोककीशुरुआतमेंपिस्टनकीगतिकमहोजातीहै

362) समायोज्य प्रकार के कुशनिंग में,

ए] पिस्टनरॉडकोबहुतधीमीगतिसेलेजायाजासकताहै

बी] पिस्टन रॉड को तेज गति से ले जाया जा सकता है

सी] दोनों ए] और बी]

डी] उपरोक्त में से कोई नहीं

363) वाल्वों में सिर के नुकसान की गणना के लिए किस सूत्र का उपयोग किया जाता है?

ए] के 2 (वी / 2 जी)

बी] के (वी / 2 जी)

सी] के (v2 / 2 जी)

डी] उपरोक्त में से कोई नहीं

364) वेन पंप और रेडियल पिस्टन पंप में क्या अंतर है?

a] रेडियल पिस्टन पंप में, वेन पंपों में रेडियल स्लॉट्स को रेडियल बोरों द्वारा प्रतिस्थापित किया जाता है जो पिस्टन को समायोजित करते हैं

बी] रेडियल पिस्टन पंप में, वैन पंपों में रेडियल स्लॉट्स को रेडियल बोरों द्वारा प्रतिस्थापित किया जाता है जो स्वैश प्लेट को समायोजित करते हैं

c] रेडियलपिस्टनपंपमें, वेनपंपमेंरेडियलस्लॉट्सकोरेडियलबोर्ससेबदलदियाजाताहै, जोस्वैपप्लेटऔरपिस्टनदोनोंकोसमायोजितकरतेहैं।

डी] उपरोक्त में से कोई नहीं

365) एक पिस्टन पंप को तेल के निर्वहन के लिए कितने स्ट्रोक की आवश्यकता होती है?

ए] एकस्ट्रोक

बी] दो स्ट्रोक

सी] तीन स्ट्रोक

डी] उपरोक्त में से कोई नहीं

366) पिस्टन पंपों में पिस्टन की व्यवस्था कैसी है?

ए] अक्षीयरूपसे

बी] रेडियल

सी] दोनों ए] और बी]

डी] उपरोक्त में से कोई नहीं

367) इनमें से किस पंप में, घूमने वाली शाफ्ट की गति को पारस्परिक गति में बदलने के लिए स्वैप प्लेट का उपयोग किया जाता है?

ए] रेडियल पिस्टन पंप

बी] अक्षीय पिस्टन पंप

ग] तुलाअक्षपिस्टनपंप

D। उपरोक्त सभी

368) अक्षीय पिस्टन पंप को डिजाइन करते समय किन कारकों पर विचार किया जाता है?

ए] स्वाश प्लेट का उपयोग

बी] खुलेलूपयाबंदलूपसर्किटमेंआवेदन

ग] तुला अक्ष पिस्टन पंप का डिजाइन

D। उपरोक्त सभी

369) अक्षीय पिस्टन पंप में स्वाश प्लेट के कोण को समायोजित किया जाता है

ए] प्रतिपूरक

बी] जुए

सी] दोनों ए] और बी]

डी] उपरोक्तमेंसेकोईनहीं

370) अक्षीय पिस्टन पंप में, योक को सिलेंडर ब्लॉक से दूर धकेल दिया जाता है, जिसके कारण,

ए] योक कोण बढ़ता है

b] स्वाश प्लेट का कोण घटता है

सी] दोनोंए] औरबी]

डी] उपरोक्त में से कोई नहीं

371) जब स्वाश प्लेट का कोण कम हो जाता है

ए] प्रवाहदरबढ़जातीहै

बी] प्रवाह दर घट जाती है

ग] प्रवाह दर स्वाश प्लेट कोण पर निर्भर नहीं करती है

डी] उपरोक्त में से कोई नहीं

372) अक्षीय पिस्टन पंप में तेल का निर्वहन क्या होगा, जब स्वाश प्लेट का कोण शून्य होगा?

ए] तेल का निर्वहन अधिकतम है

बी] तेलकानिर्वहनन्यूनतमहै

ग] तेल का कोई निर्वहन नहीं है

डी] उपरोक्त में से कोई नहीं

373) एक तुला अक्ष पिस्टन पंप है

ए] पंपअक्षमुड़ाहुआ

बी] सिलेंडर ब्लॉक जो ड्राइव शाफ्ट के कोण पर झुका हुआ है

सी] दोनों ए] और बी]

डी] उपरोक्त में से कोई नहीं

374) इनमें से किस पंप में, स्वैश प्लेट को सिलेंडर ब्लॉक से बदल दिया जाता है?

ए] बेंट अक्ष पिस्टन पंप

बी] रेडियलपिस्टनपंप

ग] अक्षीय पिस्टन पंप

डी] उपरोक्त में से कोई नहीं

375) क्या होता है जब निकला हुआ किनारा और सिलेंडर ब्लॉक के बीच की दूरी भिन्न होती है?

ए] पिस्टनविस्थापनविविधनहींहोसकता

बी] तरल पदार्थ की परिवर्तनीय प्रवाह दर हासिल की जा सकती है

सी] निश्चित प्रवाह दर हासिल की जा सकती है

D। उपरोक्त सभी

376) सिलेंडर ब्लॉक और शाफ्ट अक्ष के बीच अधिकतम कोण क्या है?

ए] 30o

बी] 50o

ग] 45o

D। उपरोक्त सभी

377) पिस्टन को पकड़ने से जुए और सिलेंडर ब्लॉक के बीच का कोण अधिकतम कब रहता है?

ए] जबसेटदबावलोडदबावसेअधिकहोताहै

बी] जब सेट दबाव लोड दबाव से कम होता है

ग] जब सेट दबाव और लोड दबाव समान होते हैं

D। उपरोक्त सभी

378) लो-टॉर्क हाई-स्पीड मोटर्स का उपयोग किया जाता है

ए] क्रेन

बी] विनचेस

ग] प्रशंसक

D। उपरोक्त सभी

379) कौन सी मोटर लगातार कम गति पर चलने के लिए अपने उपयोग के कारण भारी भार का कारण बनती है?

a] लो-टॉर्क हाई-स्पीड मोटर्स

बी] हाई-टॉर्क लो-स्पीड मोटर्स

सी] दोनोंए] औरबी]

डी] उपरोक्त में से कोई नहीं

380) उच्च गति अनुप्रयोगों में प्रयुक्त मोटर्स में है

ए] उच्च गति के साथ उच्च टोक़

बी] उच्चगतिकेसाथकमटोक़

सी] कम गति के साथ उच्च टोक़

डी] उपरोक्त में से कोई नहीं

औद्योगिक प्रशिक्षण संस्थान

मासिक टेस्ट-1, अंक- 20, दिनांक:- ____________________

(प्रत्येक प्रश्न दो अंक का होता है)

06] अखरोट के आर-पार एक स्लॉट को आधा काट दिया जाता है।

ए] लॉकिंग प्लेट

बी] वायर लॉक

सी] सेल्फ लॉकिंग नट

डी] सावन अखरोट

07] दो बोल्टों को ढीला होने से रोकता है।

ए] लॉकिंग प्लेट

बी] वायर लॉक

सी] सेल्फ लॉकिंग नट

डी] सावन अखरोट

08] शीर्ष अखरोट के घूर्णन को रोकता है।

ए] ताला-अखरोट

बी] अंडाकार अखरोट

सी] सेल्फ लॉकिंग नट

डी] सावन अखरोट

09] अखरोट को फिट करने के लिए प्लेट के आकार का उपयोग करके अखरोट को ढीला होने से रोकता है।

ए] लॉकिंग प्लेट

बी] वायर लॉक

सी] सेल्फ लॉकिंग नट

डी] सावन अखरोट

10] षट्कोणीय अखरोट के निचले हिस्से के साथ बेलनाकार और रिक्त नाली बनायी जाती है।

ए] ताला-अखरोट

बी] अंडाकार अखरोट

सी] सेल्फ लॉकिंग नट

डी] सावन अखरोट

11] थ्रेडिंग टूल को 60◦ कोण के लिए सटीकता के लिए a . का उपयोग करके जाँचा जाता है

ए] थ्रेड प्लग गेज

बी] केंद्र गेज

सी] पेंच पिच गेज

डी] उपकरण कोण गेज

12] प्रति इंच थ्रेड्स की संख्या की जाँच a . से की जा सकती है

ए] टूल गेज

बी] गिनती द्वारा मीट्रिक नियम

सी] रिंग गेज

डी] पेंच पिच गेज

13] पाइप के धागे का कोण क्या है?

ए] 60 डिग्री

बी] 47‘/2 डिग्री’

सी] 29 डिग्री

डी] 55 डिग्री।

14] पाइप के धागे का क्या उपयोग है?

ए] ट्रांसमिशन

बी] दबाव बनाए रखें

सी] वायुरोधी कनेक्शन

डी] उपरोक्त में से कोई नहीं।

15] 2" पाइप के धागे की गहराई कितनी है?

ए] 0.5"

बी] 0.640"

सी] 0.335"

डी] 0.580"।

औद्‌योगिक प्रशिक्षण संस्थान

मासिक टेस्ट -2, अंक- 20, तिथिः- ______________

(प्रत्येक प्रश्न दो अंक का होता है)

16] डाई और कटिंग टूल द्‌वारा रॉड या पाइप पर दिए जाने वाले एक्सटर्नल थ्रेड को क्या कहते हैं?...

(ए) दोहन

(बी) मरना

(सी) थ्रेडिंग

(डी) ग्रूविंग

17] कोण 0f lS धागा (V आकार का) ---------- है

ए] 29 डिग्री

बी] 47 1/4°

सी] 50 डिग्री

डी] 60

18] निम्नलिखित में से किस विधि से केवल बाहरी धागे बनाए जाते हैं -------

ए] फॉर्म टूल mEthOd

बी] यौगिक आराम विधि

सी] टेलस्टॉक ऑफसेट विधि

डी] टेपर टर्निंग अटैचमेंट विधि।

19] शिखा और धागे की जड़ को मिलाने वाली सतह को ---- के रूप में जाना जाता है
ए] फ्लैंक
बी] शंकु
सी] पिच सतह
डी] ये सभी
20] दो स्टार्ट थ्रेड की पिच 4 मिमी है। फिर धागे का नेतृत्व ----- द्वारा दिया जाता है
ए] 4 मिमी
बी] 2 मिमी
सी] 8 मिमी
डी] 6 मिमी
21] सिंगल पॉइंट कटिंग टूल का उपयोग करके लेड स्क्रू पिच वाले खराद पर 2.5 मिमी के स्क्रू थ्रेड को काटने के लिए आवश्यक गियर अनुपात है ----
ए] 1:2
बी] 2:1
सी] 1:1 मिमी
22] M24 x 3 मिमी आंतरिक धागे के लिए कट की गहराई है
ए] 0.5412 x 3
बी] 0.6134 x 3
सी] 0.5 x 3
डी] 0.7 x 3
23] 24 x 3 मिमी आंतरिक एक्मे धागे काटने के लिए, नौकरी का मुख्य व्यास है
ए] 20.00 मिमी
बी] 21.66 मिमी
सी] 21.00 मिमी
डी] 20.60 मिमी
24] मीट्रिक स्क्वायर थ्रेडिंग के लिए कट की गहराई है
ए] 0.6 एक्स पी
बी] 0.5 एक्स पी
सी] 0.5412 एक्स पी
डी] 0.6412 एक्स पी
25] बट्रेस धागे को काटने के लिए, कट की गहराई है
ए] 0.5412 एक्स पी
बी] 0.6 एक्स पी
सी] 0.7 एक्स पी

डी] 0.75 एक्स पी

औद्योगिक प्रशिक्षण संस्थान

मासिक टेस्ट-3, अंक- 20, दिनांक:- ________________

(प्रत्येक प्रश्न दो अंक का होता है)

26] टेम्पलेट क्या है?
ए] काटने के संचालन में से एक
बी] फॉर्म टर्निंग में से एक
सी] नौकरी का एक ही आंकड़ा
डी] उपकरण में से एक
27] किस उद्देश्य से टेम्प्लेट का उपयोग किया जाता है?
ए] अंकन और जांच के लिए
बी] थ्रेडिंग के लिए
सी] मोड़ के लिए
डी] मापने के लिए
28] टेम्प्लेट बनाने के लिए किस सामग्री का उपयोग किया जाता है?
ए] एचसीएस प्लेट
बी] विशेष उपकरण स्टील
सी] पीतल या तांबा
डी] जीआई शीट या एमएस पतली शीट
29] --------------- घटक के आकार की जाँच के लिए प्रयोग किया जाता है
टेम्पलेट
बी] स्नैप गेज
सी] उपकरण
डी] साइन बार
30] फेस कॉपी करने के लिए ...... टाइप टेम्प्लेट का उपयोग किया जाता है
ए] गोलाकार
बी] प्लेट प्रकार
सी] फ्लैट
डी] त्रिकोणीय
31] टेपर की शुद्धता की जांच आमतौर पर किसके माध्यम से की जाती है?
ए] टेपर गेज
बी] गेज ब्लॉक
सी] संकेतक और ऊंचाई गेज
32] बाहरी टेपर की जाँच की जाती है

ए] प्लग गेज सीमित करें

बी] टेपर रिंग गेज

सी] टेपर प्लग गेज

डी] धागा प्लग गेज।

33] समान घटकों की आयामी सटीकता की जांच करने के लिए, एक डायल परीक्षण संकेतक t 6 आकार के लिए सेट किया गया है और एक तुलनित्र के रूप में उपयोग किया जाता है। डायल टेस्ट इंडिकेटर पर सेट करने के लिए आप किसका उपयोग करेंगे?

ए] डायल टेस्ट इंडिकेटर

बी] टीटर गेज

सी] पर्ची गेज

डी], सतह गेज

34] साइन बार का उपयोग के लिए किया जाता है

ए] ड्रिलिंग के लिए नौकरी को समतल करना

B] टेपर जॉब का कोण ज्ञात करना

सी] छिद्रों का व्यास मापना

डी] धागे की प्रोफाइल जांच रहा है।

35] साइन बार की लंबाई के बीच की दूरी है

ए] साइन बार के एक छोर से दूसरे छोर तक

बी] साइन बार की विकर्ण क्रॉस लंबाई

सी] रोलर्स के बीच केंद्र से केंद्र

डी] रोलर्स के बीच बाहर से बाहर।

औद्योगिक प्रशिक्षण संस्थान

मासिक टेस्ट -4, अंक- 20, दिनांक:- ________________

(प्रत्येक प्रश्न दो अंक का होता है)

36] साइन बार का आकार इसके द्वारा निर्दिष्ट किया जाता है

भार

बी] चौड़ाई का माप

सी] लंबाई

डी] सेटिंग का अधिकतम कोण।

37]साइन बार के एक छोर पर स्टॉपर प्रदान करने का उद्देश्य है

ए] आसान हैंडलिंग

बी] नौकरी को फिसलने से रोकना।

सी] पर्ची गेज का समर्थन

डी] सेटिंग करते समय संदर्भ के रूप में उपयोग करना।

38] एक साइन बार उसके शरीर पर समान रूप से चार या पांच छेद के साथ बनाया जाता है। इन छेदों का उद्देश्य है

ए] साइन बार को आसानी से संभालें

बी] पाप बार का वजन कम करें

सी] साइन बार की ऊपरी सतह के विरूपण को रोकें

D] साइन बार को अच्छा लुक दें

39] साइन बार का उपयोग के लिए किया जाता है

ए] छिद्रों के व्यास को मापना '

B] टेपर जॉब का कोण ज्ञात करना

सी] ड्रिलिंग के लिए नौकरी को समतल करना

डी] एक थ्रेड की प्रोफाइल चकिंग

40] साइन बार का उपयोग करके कोणों को मापने के लिए स्लिप गेज की ऊंचाई और के बीच के अनुपात के अनुसार बनाए गए कोण

ए] साइन बार की ऊंचाई

बी] संख्या पर्ची गेज

सी] साइन बार की लंबाई

डी] साइन बार की चौड़ाई

41] ----------- 1 की सटीकता के भीतर कोण की जांच के लिए प्रयोग किया जाता है।

ए] गेज

बी] साइन बार

सी] मंदिर

डी] टेलीस्कोपिक गेज

42] यदि साइन बार हैं तो संपर्क रोलर्स और डेटाम सतह की केंद्र रेखा

ए] वही लाइन "

बी] समानांतर

सी] झुका हुआ

डी] लंबवत

43] साइन बार का बना होता है -।

ए] उच्च कार्बन स्टील

बी] स्थिर क्रोमियम स्टील '

सी] हाई स्पीड स्टील

डी] निकल स्टील

44] एल = 200 मिमी की लंबाई के साथ एक साइन बार का उपयोग वर्क पीस के कोण को सही ढंग से जांचने के लिए किया जाता है। जांचा जाने वाला कोण: 250 स्लिप गेज की

ऊंचाई 'एच' की गणना करें?

ए] 84.54 मिमी

बी] 83.52 मिमी

सी] 81.81 मिमी

डी] 85.52 मिमी

45] निम्नलिखित में से कौन सा कथन सही है?'

ए] गेज का उपयोग आकार की जांच के लिए किया जाता है

बी] आकार को चकने के लिए टेम्पलेट का उपयोग किया जाता है

सी] गेज का उपयोग आकार मापने के लिए किया जाता है

डी] गेज का उपयोग घटक के आकार की जांच के लिए किया जाता है

औद्योगिक प्रशिक्षण संस्थान

मासिक टेस्ट -5, अंक- 20, तिथि:- _______________

(प्रत्येक प्रश्न दो अंक का होता है)

46] अनुभाग में गेजों को किस मानक तापमान पर रखा जाता है?

ए] 100 सी

बी] 20 डिग्री सेल्सियस

सी] 100 एफ

डी] 20 डिग्री फारेनहाइट

47] वर्कशॉप में आमतौर पर किस ग्रेड के स्लिप गेज का इस्तेमाल किया जाता है?

ए] ग्रेड 0

बी] ग्रेड एल

सी] ग्रेड एच

डी] ग्रेड 0

48] भारतीय मानकों के अनुसार एक विशेष सेट गेज का प्रयोग किया जाता है जिसमें

ए] 81 टुकड़े

बी] 112 टुकड़े

सी] 120 टुकड़े

डी] 130 टुकड़े

49] संदर्भ गेज की सटीकता है

ए] 0.05 मिमी

बी] 0.01 मिमी

सी] 0.001।

डी] 0.0001 मिमी

50] स्लिप गेज पर चींटी की गड़गड़ाहट के मामले में, इसे द्वारा हटा दिया जाना चाहिए

ए] भरना

बी] लैपिंग

सी] स्क्रैपिंग

डी] पीस

51] स्लिप गेज की कठोरता कितनी होनी चाहिए?

ए] 63 से अधिक एचआरसी

बी] 58 एचआरसी

सी] 55 एचआरसी

डी] 50 एचआरसी

52] ------------- 0.01 मिमी की सटीकता के भीतर घटक की जाँच के लिए स्लिप गेज का उपयोग किया जाता है।

ए] कार्यशाला गेज

बी] निरीक्षण गेज

सी] संदर्भ गेज

डी] रिंग गेज

53], ------------ का उपयोग सटीक उपकरण की सटीकता की जांच के लिए किया जाता है।

ए] गेज ब्लॉक

बी] फादर गेज

सी] साइन बार

डी] प्लग गेज

54] सटीकता सुनिश्चित करने के लिए उपयोग करने से पहले स्लिप गेज को साफ किया जाता है। इसके लिए आप किस माध्यम का प्रयोग करेंगे।

ए] तेल

बी] पतला

सी] कार्बन टेट्राक्लोराइड / सफेद पेट्रोल

डी] तारपीन का तेल

55]समान घटकों की आयामी सटीकता की जांच करने के लिए, एक डायल परीक्षण संकेतक t 6 आकार के लिए सेट किया गया है और एक तुलनित्र के रूप में उपयोग किया जाता है। डायल टेस्ट इंडिकेटर पर सेट करने के लिए आप किसका उपयोग करेंगे?

ए] डायल टेस्ट इंडिकेटर

बी] टीटर गेज

सी] पर्ची गेज

डी], सतह गेज

औद्योगिक प्रशिक्षण संस्थान

मासिक टेस्ट -6, अंक- 20, तिथि:- ______________

(प्रत्येक प्रश्न दो अंक का होता है)

56] साइन बार के बारे में निम्नलिखित में से कौन सा कथन सही नहीं है?

ए] दोनों तरफ रखे टो सटीक रोलर्स का उपयोग करता है

बी] क्रोमियम स्टील से बना है

C] सतह लैप्ड है

डी] छिद्रों की केंद्र रेखाएं शीर्ष सतह की ओर झुकी होंगी

57] एक स्लिप गेज एक ---------- है

ए] आयताकार ब्लॉक

बी] स्क्वायर ब्लॉक

सी] क्यूबिक ब्लॉक

डी] बेलनाकार ब्लॉक

58] स्लिप गेज की चौथी श्रृंखला में, सेट 46 पीस में निम्नलिखित में से कौन सी श्रेणी सही है?

ए] 1.0 से 9.0 मिमी।

बी] 1.001 101.009 मिमी

सी] 1.01 से 1.09 मिमी

डी]'1.1' से_-1.9 मिमी

59] स्लिप गेज की 5वीं श्रृंखला में, सेट 46 पीस में निम्नलिखित में से कौन सी श्रेणी सही है -

ए] 100 से 100 मिमी '

बी] 1.001 से 1.009 मिमी

सी] 1.01 से 0.09mrn

डी] 11 से 9 मिमी

60] स्लिप गेज की 2NDS श्रृंखला में, 45 पीस के सेट में निम्नलिखित में से कौन सी श्रेणी सही है-

ए] 1.0 से 9.0 मिमी

बी] 1.001 से 1. 009 मिमी

सी] 1.01 से 1.09 मिमी

डी] 1.1 से 1.9 मिमी

61] स्लिप गेज की तीसरी श्रृंखला में, सेट 46 पीस में निम्नलिखित में से कौन सी श्रेणी सही है –

ए] 10.0 से 100 मिमी

बी] 1.001 से 1.009 मिमी

सी] 1.01 से 1.09 मिमी

डी] 1.1 से 1.9 मिमी

62] स्लिप गेज की पहली श्रृंखला में, सेट 46 पीस में निम्नलिखित में से कौन सा रेंज सही है -

ए] 0.001 मिमी

बी] 001 मिमी

सी] 0.1 मिमी

डी] 1.0 मिमी

63] स्लिप गेज की दूसरी श्रृंखला में, 46 टुकड़ों के सेट में निम्नलिखित में से कौन सा कदम सही है -

ए] 0.001 मिमी

बी] 0.01 मिमी

सी] 0.1 मिमी

डी] 1-0 मिमी

64] स्लिप गेज की तीसरी श्रृंखला में, सेट 46 पीस में निम्नलिखित में से कौन सा कदम सही है?

ए] 0.001 मिमी

बी] 0.01 मिमी

सी] 0.1 मिमी

डी] 1.0 मिमी

65] सीमेंटेड कार्बाइड ट्रेडिंग टूल के लिए निम्नलिखित में से किस प्रकार का टिप?

ए] रिजेक्ट टूल पर क्लैम्पिंग के लिए

बी] उपकरण पर टांकना के साथ

सी] उपकरण पर वेल्डिंग के साथ

औद्योगिक प्रशिक्षण संस्थान

मासिक टेस्ट-7, अंक- 20, दिनांकः- ____________________

(प्रत्येक प्रश्न दो अंक का होता है)

66] प्रति इंच धागों की संख्या की जाँच a . से की जा सकती है

ए] टूल गेज

बी] गिनती द्वारा मीट्रिक नियम

सी] रिंग गेज

डी] पेंच पिच गेज

67] टेलीस्कोपिक गेज का उपयोग छेद और स्लॉट को मापने के लिए किया जाता है।

ए] 10 मिमी से 100 मिमी . तक

बी] 12 मिमी से 152 मिमी . तक

सी] 12.7 मिमी से 152.4 मिमी . तक

डी] उपरोक्त में से कोई नहीं।

68] छोटे छेद वाले गेज का उपयोग छेद और स्लॉट को मापने के लिए किया जाता है।

ए] 10 मिमी . से नीचे

बी] 12.7 मिमी . से नीचे

सी] 20 मिमी . से नीचे

डी] 20.7 मिमी से नीचे।

69] संख्या ड्रिल श्रृंखला के एक सेट में निम्नलिखित श्रेणियों में ड्रिल होते हैं। सही रेंज इंगित करें

ए] 1 से 40

बी] 1 से 50

सी] 1 से 80

डी] 1 से 100

70] संख्या ड्रिल श्रृंखला में, सबसे छोटा ड्रिल आकार है...

ए] 0.1 मिमी

बी] 0.35 मिमी

सी] 0.5 मिमी

डी] 0.52 मिमी

71] संख्या ड्रिल श्रृंखला में, सबसे बड़ा ड्रिल आकार है...

ए] 102 मिमी

बी] 5.791 मिमी

सी] 5.613 मिमी

डी] 5.410 मिमी

72] अक्षर ड्रिल श्रृंखला में, ड्रिल 'ए' का आकार बराबर है ...

ए] 13 मिमी

बी] 6.08 मिमी

सी] 6.045 मिमी

डी] 5.944 मिमी

73] अक्षर ड्रिल श्रृंखला में, सबसे बड़ा ड्रिल आकार बराबर होता है...

ए] 10.33 मिमी

बी] 10.490 मिमी

सी] 12.01 मिमी

डी] 15.00 मिमी

74] फीलर गेज का प्रयोग किया जाता है...

ए] सतह खुरदरापन की जाँच करना

बी] वर्कपीस की रेडियस की जांच

सी] संभोग भागों के बीच की खाई की जाँच करना

डी] होल लोकेटर की सटीकता की जांच

75] राहत खांचे का उद्देश्य है...

ए] आवश्यक प्रकार के फिट को बनाए रखें

बी] बिना किसी रुकावट के सतहों के बीच संपर्क सुनिश्चित करें

सी] स्नेहन के लिए बनाओ

डी] खेलने के लिए घटकों को समायोजित करें

औद्योगिक प्रशिक्षण संस्थान

मासिक टेस्ट -8, अंक- 20, तिथिः- ______________

(प्रत्येक प्रश्न दो अंक का होता है)

76] आम तौर पर गेज से बने होते हैं

ए] निकल क्रोमियम

बी] हल्के स्टील

सी] कास्ट स्टील

डी] एचएसएस

77] आम तौर पर गेज का उपयोग के लिए किया जाता है

ए] बड़े पैमाने पर उत्पादन

बी] घटकों को मापना

सी] व्यक्तिगत घटक

डी] आयामी सटीकता की जांच

78] एक केंद्र गेज का प्रयोग किया जाता है

ए] धागे की पिच की जांच करें

बी] उपकरण को सही केंद्र ऊंचाई पर सेट करें

सी] धागे के फिट की जांच करें

डी] थ्रेडिंग टूल के कोण की जांच करें

79] एक मीट्रिक सेंटर गेज का कोण होता है

ए] 55◦

बी] 60◦

सी] 47.5◦

डी] 29◦

80] स्लिप गेज पर चींटी की गड़गड़ाहट के मामले में, इसे हटा दिया जाना चाहिए

ए] भरना

बी] लैपिंग

सी] स्क्रैपिंग

डी] पीस

81] जिस उद्देश्य से लैपिंग ऑपरेशन किया जाता है ---

ए] सतह खत्म को परिष्कृत करने के लिए।

बी] फिट की गुणवत्ता में सुधार करने के लिए

सी] ज्यामितीय सटीकता में सुधार करने के लिए,

डी] उपरोक्त सभी

82] लैपिंग कंपाउंड मैटेरियल ---------- है

ए] रेत का पत्थर

बी] हीरा

सी] क्वाट्र्ज

डी] कोरन्डम

83] वर्कपीस कब अपघर्षक से चार्ज हो जाता है और लैप को काट देता है?

ए] काम का टुकड़ा गोद से कठिन है

बी] काम का टुकड़ा गोद से नरम है

सी] गोद काम के टुकड़े से नरम है

डी] गोद काम के टुकड़े की तुलना में मोटा है

84] लैपिंग प्लेट पर ---------- के लिए खांचे दिए गए हैं।

ए] प्लेट के विरूपण को रोकना

बी] लैपिंग पेस्ट को बनाए रखना

सी] घर्षण को कम करना

डी] धातु-चिप्स एकत्र करता है

85] डायमंड लैपिंग के लिए निम्नलिखित सामग्री का उपयोग किया जाता है ....

ए] एच55

बी] कॉपर '

सी] एल्यूमिनियम ऑक्साइड,

डी] उच्च कार्बन स्टील

औद्योगिक प्रशिक्षण संस्थान

मासिक टेस्ट-9, अंक- 20, दिनांक:- ____________________

(प्रत्येक प्रश्न दो अंक का होता है)

86] निम्नलिखित में से कौन सी एक कोल्ड वर्किंग प्रक्रिया है जिसके द्वारा धातु को हटाए बिना सतह की फिनिश, आयामी सटीकता और वर्क हार्डनिंग में सुधार प्रभावित किया जा सकता है?

ए] जल रहा है

बी] होनिंग

सी] लैपिंग _

डी] सुपर फिनिशिंग

87] ऑनिंग प्रोसेस में, स्पिंडल की गति होती है ---' ------------

ए] लंबवत और पारस्परिक

बी] पारस्परिक

सी] लंबवत

डी] क्षैतिज और पारस्परिक

88] एलटी क्या प्रक्रिया को अपघर्षक छड़ी का उपयोग करके किया जाता है?

ए] लैपिंग

बी] होनिंग

सी] सुपर फिनिशिंग

89] यह प्रक्रिया कठोर और कठोर दोनों अवस्थाओं में की जाती है ------

ए] जल रहा है

बी] सुपर फिनिशिंग

सी] लैपिंग

डी] होनिंग

90] ऑनिंग प्रक्रिया को ---------- के लिए प्राथमिकता दी जाती है।

ए] आंतरिक छिद्रों को खत्म करना

बी] कार्बाइड्स का बोरिंग

सी] आंतरिक धागे काटने '

डी] बाहरी पीस

91] होनिंग में सतह खुरदरापन की सीमा -------- की सीमा में है

ए] 0.9 से 5 माइक्रोन

बी] 0.1 से 5 माइक्रोन

सी] 0.13 से 1.25 माइक्रोन

डी] 0 से 100 माइक्रोन

92] ऑनिंग ऑपरेशन की उत्पादकता है

ए] लैपिंग ऑपरेशन की उत्पादकता से कम

बी] लैपिंग ऑपरेशन की उत्पादकता से अधिक

सी] एक ही काम के टुकड़े के लिए लैपिंग ऑपरेशन की उत्पादकता के बराबर
डी] इनमें से कोई नहीं
93] अस्तर असर के लिए सामग्री।
ए] ड्यूरालुमिन
बी] पीतल
सी] कांस्य
डी] बबित
94] असंतुलित भार।
ए] आवास में पिन किया गया असर।
बी] असर का मलिनकिरण।
सी] आवास में बाहरी रिंग की कताई
डी] बॉल या रोलर डेंटिंग।
95] आवास विकृत।
ए] आवास में पिन किया गया असर।
बी] असर का मलिनकिरण।
सी] आवास में बाहरी रिंग की कताई
डी] बॉल या रोलर डेंटिंग।

औद्योगिक प्रशिक्षण संस्थान

मासिक टेस्ट-10, अंक- 20, दिनांक:- ____________________

(प्रत्येक प्रश्न दो अंक का होता है)

96] विकृत शाफ्ट और असर विधानसभा के अन्य भागों
ए] आवास में पिन किया गया असर।
बी] असर का मलिनकिरण।
सी] आवास में बाहरी रिंग की कताई
डी] बॉल या रोलर डेंटिंग।
97] हाउसिंग बोर बहुत बड़ा है।
ए] आवास में पिन किया गया असर।
बी] असर का मलिनकिरण।
सी] आवास में बाहरी रिंग की कताई
डी] बॉल या रोलर डेंटिंग।
98] बढ़ते का गलत तरीका।
ए] आवास में पिन किया गया असर।
बी] असर का मलिनकिरण।
सी] आवास में बाहरी रिंग की कताई

डी] बॉल या रोलर डेंटिंग।

99] हाउसिंग बोर आउट ऑफ राउंड।

ए] आवास में पिन किया गया असर।

बी] असर का मलिनकिरण।

सी] आवास में बाहरी रिंग की कताई

डी] बॉल या रोलर डेंटिंग।

100] शाफ्ट बियरिंग्स में प्रवेश करने वाली धूल या ग्रिट को रोकता है।

ए] '0' रिंग सील

बी] रेडियल लिप सील

सी] वाइपर सील

डी] स्प्रिंग लोडेड सील

101] सादे कार्बन स्टील को समान रूप से कम महत्वपूर्ण तापमान से ऊपर गर्म करना, ठोस समाधान के गठन की शुरुआत का कारण बनता है जिसे कहा जाता है...

ए] फेराइट

बी] पर्ललाइट

सी] ऑस्टेनाइट

डी] मार्टेंसाइट

102] आवश्यक गुण प्राप्त करने के लिए स्टील की संरचना को बदलने के लिए हीटिंग और कूलिंग की प्रक्रिया को कहा जाता है...

ए] हार्डनिंग

बी] गर्मी उपचार

सी] सामान्यीकरण

डी] तड़के

103] एनीलिंग का मुख्य उद्देश्य है

ए] कठोरता बढ़ाने के लिए

बी] क्रूरता बढ़ाने के लिए

सी] मशीनेबिलिटी में सुधार करने के लिए

डी] विकृति को दूर करने के लिए

104] वह प्रक्रिया जो संरचना की एकरूपता के लिए और बेहतर यांत्रिक गुणों के लिए एक महीन दाने के उत्पादन में मदद करती है, के रूप में जानी जाती है...

ए] तड़के

बी] एनीलिंग

सी] हार्डनिंग

डी] सामान्यीकरण

105] निम्नलिखित में से कौन कार्बन और लोहे का मिश्र धातु है, जिसमें कार्बन संयुक्त अवस्था में है?

ए] स्टील

बी] गढ़ा लोहा

सी] कच्चा लोहा

डी] सुअर का लोहा

औद्योगिक प्रशिक्षण संस्थान

मासिक टेस्ट-11, अंक- 20, दिनांक:- ____________________

(प्रत्येक प्रश्न दो अंक का होता है)

183] अधिकांश हाइड्रोलिक सर्किट:

ए) एक केंद्रीय हाइड्रोलिक पावर यूनिट से संचालित होता है

बी) एयर-ओवर-ऑयल बिजली इकाइयों का प्रयोग करें

ग) एक समर्पित बिजली इकाई है

d) समर्पित बिजली इकाई नहीं है

184] हाइड्रोलिक और वायवीय सर्किट:

क) सभी कार्यों के लिए समान रूप से प्रदर्शन करें

बी) सभी कार्यों के लिए अलग-अलग प्रदर्शन करें

ग) कुछ अपवादों के साथ ऐसा ही करें

d) सभी कार्य नहीं करता है

185] वायवीय परिपथ में स्नेहक है:

क) पंक्ति में पहला तत्व

b) पंक्ति में दूसरा तत्व

ग) पंक्ति में अंतिम तत्व

d) पंक्ति में तीसरा तत्व

186] हाइड्रोलिक सिस्टम की पहली लागत की तुलना वायवीय प्रणालियों से करते समय, आम तौर पर वे हैं:

ए) खरीदने के लिए और अधिक महंगा

बी) खरीदने के लिए कम खर्चीला

ग) लागत समान है

घ) लागत की आवश्यकता नहीं है

187] हाइड्रोलिक सिस्टम की परिचालन लागत की तुलना वायवीय प्रणालियों से करते समय, आम तौर पर वे

हैं।

ए) संचालित करने के लिए और अधिक महंगा

बी) संचालित करने के लिए कम खर्चीला

सी) लागत संचालित करने के लिए समान है

घ) लागत की आवश्यकता नहीं है

188] सबसे आम हाइड्रोलिक द्रव है:

ए) खनिज तेल

बी) सिंथेटिक तरल पदार्थ

सी) पानी

घ) जेल

189) हाइड्रोलिक पावर सिस्टम में किस द्रव का उपयोग किया जाता है?

पानी

उबलना

सी] गैर-संपीड़ित तरल पदार्थ

D। उपरोक्त सभी

190) 1 बार का दबाव बराबर होता है

ए] 14]5 पीएसआई

बी] 145 पीएसआई

ग] 12]5 पीएसआई

घ] 145 x 10-6 पीएसआई

191) ओवरलोडिंग का द्रव शक्ति और विद्युत प्रणालियों पर क्या प्रभाव पड़ता है?

a] विद्युत प्रणालियों में विद्युत घटक क्षतिग्रस्त हो जाते हैं

बी] द्रव शक्ति प्रणाली घटकों को नुकसान पहुंचाए बिना काम करना बंद कर देती है

सी] दोनों ए] और बी]

डी] उपरोक्त में से कोई नहीं

192) द्रव विद्युत प्रणालियों में शक्ति का संचार कैसे होता है?

ए] शक्ति तुरंत प्रसारित होती है

बी] शक्ति धीरे-धीरे प्रसारित होती है

सी] दोनों ए] और बी]

डी] उपरोक्त में से कोई नहीं

औद्योगिक प्रशिक्षण संस्थान

मासिक टेस्ट-12, अंक- 20, दिनांक:- ____________________

(प्रत्येक प्रश्न दो अंक का होता है)

193) आम तौर पर तरल पदार्थ गैर-संपीड़ित होते हैं लेकिन जब 70 बार का एक बड़ा दबाव लगाया जाता है, तो पेट्रोलियम तेल को संपीड़ित किया जा सकता है

a] 0] इसकी मूल मात्रा का 5%

बी] इसकी मूल मात्रा का 1%

सी] इसकी मूल मात्रा का 5%

डी] उपरोक्त में से कोई नहीं

194) एक पिस्टन के अंदर द्रव के प्रवाह के लिए दिया गया प्रतिरोध विकसित होता है

ए] दबाव

बी] बल

सी] तनाव

D। उपरोक्त सभी

195) कम दबाव पर, तरल पदार्थ होते हैं

ए] संपीड़ित

बी] गैर-संपीड़ित

ग] अप्रत्याशित

196) हाइड्रोलिक सिस्टम में,

a] यांत्रिक ऊर्जा को तेल में स्थानांतरित किया जाता है और फिर यांत्रिक ऊर्जा में परिवर्तित किया जाता है

बी] विद्युत ऊर्जा को तेल में स्थानांतरित किया जाता है और फिर यांत्रिक ऊर्जा में परिवर्तित किया जाता है

ग] यांत्रिक ऊर्जा को तेल में स्थानांतरित किया जाता है और विद्युत ऊर्जा में परिवर्तित किया जाता है

डी] उपरोक्त में से कोई नहीं

197) निम्न में से किसका उपयोग हाइड्रोलिक पावर यूनिट में एक घटक के रूप में किया जाता है?

ए] दबाव नापने का यंत्र

बी] फिलर गेज

सी] वाल्व

डी] जलाशय

198) हाइड्रोलिक पावर यूनिट में रोटरी गति का उपयोग करके प्राप्त किया जाता है

ए] हाइड्रोलिक सिलेंडर

बी] वायवीय सिलेंडर

ग] दोनों हाइड्रोलिक और वायवीय सिलेंडर

डी] उपरोक्त में से कोई नहीं

199) स्थिर विस्थापन फलक पंप के लिए गति और प्रवाह दर के बीच क्या संबंध है?

ए] रोटर की गति में वृद्धि के साथ प्रवाह दर बढ़ जाती है

बी] रोटर की गति में वृद्धि के साथ प्रवाह दर घट जाती है

ग] प्रवाह दर स्थिर है और गति में परिवर्तन के साथ नहीं बदलता है
डी] उपरोक्त में से कोई नहीं
200) निश्चित विस्थापन फलक पंप में,
ए] काम के दबाव में वृद्धि के साथ प्रवाह दर घट जाती है
बी] काम के दबाव में वृद्धि के साथ प्रवाह दर बढ़ जाती है
सी] प्रवाह दर स्थिर है और काम के दबाव के साथ नहीं बदलता है
डी] उपरोक्त में से कोई नहीं
201) हाइड्रोलिक एक्ट्यूएटर्स द्वारा किस प्रकार की गति का संचार किया जाता है?
ए] रैखिक गति
बी] रोटरी गति
सी] दोनों ए] और बी]
डी] उपरोक्त में से कोई नहीं
202) इलेक्ट्रिक एक्ट्यूएटर का क्या कार्य है?
ए] विद्युत ऊर्जा को यांत्रिक टोक़ में परिवर्तित करता है
बी] यांत्रिक टोक़ को विद्युत ऊर्जा में परिवर्तित करता है
सी] यांत्रिक ऊर्जा को यांत्रिक टोक़ में परिवर्तित करता है
डी] उपरोक्त में से कोई नहीं

www.ingramcontent.com/pod-product-compliance
Ingram Content Group UK Ltd.
Pitfield, Milton Keynes, MK11 3LW, UK
UKHW021914190726
13853UKWH00002B/673